# 国际科技创新中心建设战略研究

张士运 等◎著

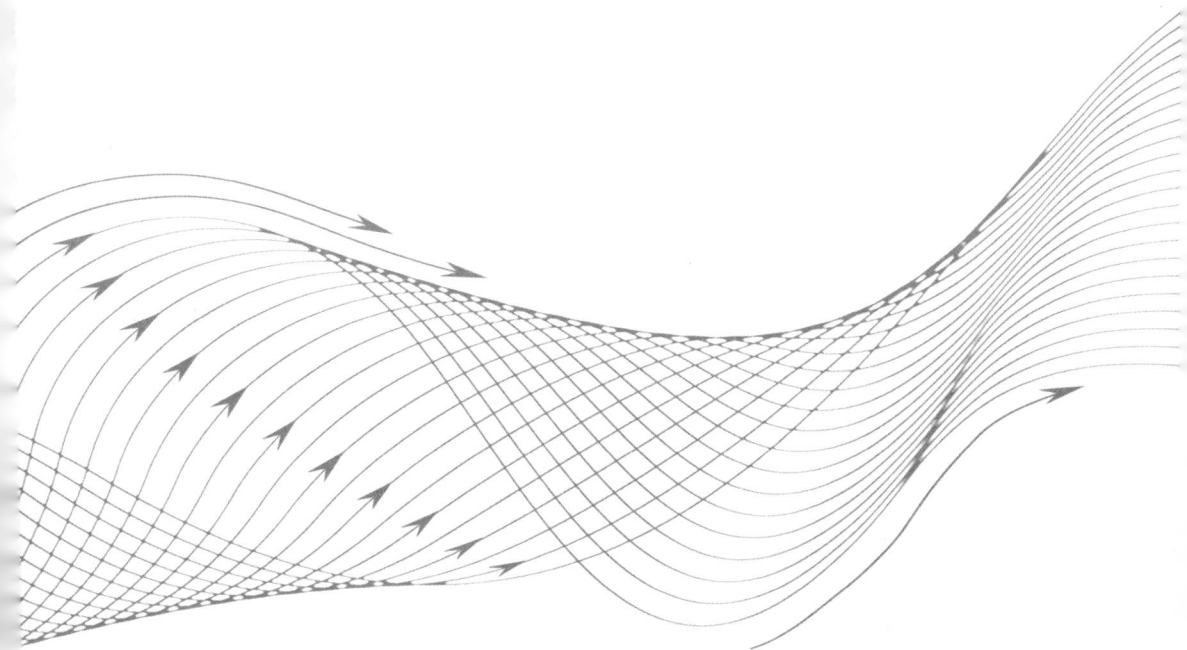

经济管理出版社

ECONOMY & MANAGEMENT PUBLISHING HOUSE

图书在版编目（CIP）数据

国际科技创新中心建设战略研究/张士运等著.—北京：经济管理出版社，2021.1
ISBN 978 - 7 - 5096 - 7693 - 6

Ⅰ.①国…　Ⅱ.①张…　Ⅲ.①科技中心—建设—研究—中国　Ⅳ.①G322

中国版本图书馆 CIP 数据核字（2021）第 022006 号

组稿编辑：张巧梅
责任编辑：张巧梅
责任印制：黄章平
责任校对：董杉珊

出版发行：经济管理出版社
　　　　　（北京市海淀区北蜂窝 8 号中雅大厦 A 座 11 层 100038）
网　　　址：www. E - mp. com. cn
电　　　话：（010）51915602
印　　　刷：唐山玺诚印务有限公司
经　　　销：新华书店
开　　　本：720mm×1000mm/16
印　　　张：11.75
字　　　数：154 千字
版　　　次：2021 年 5 月第 1 版　　2021 年 5 月第 1 次印刷
书　　　号：ISBN 978 - 7 - 5096 - 7693 - 6
定　　　价：98.00 元

# 国际科技创新中心研究小组

组　　长：张士运

副组长：王　健　　姚常乐　　庞立艳

成　员：王丽芳　　李冬梅　　吕　鑫

　　　　李宪振　　翟亚宁　　蔡志刚

　　　　张国会　　江光华　　王　涵

　　　　涂　平　　袁燕军　　杨　洋

　　　　张洪源　　王健美　　鲁　啸

　　　　陈雪飞　　李　荣

# 前　言

　　党的十九届五中全会明确提出支持北京等地形成国际科技创新中心，是着眼于"两个大局"，立足新发展阶段、贯彻新发展理念、构建新发展格局做出的重大战略决策，是党中央在科技强国建设中赋予我们的重大责任。需要北京更加自觉地站在"国之大者"高度来认识和把握，瞄准国际一流，凝心聚力，力争率先建成国际科技创新中心。

　　本书从历史演变、全球战略竞争格局、政策演变的视角，对国际科技创新中心内涵、功能特征、网络结构进行了研究，以"集聚功能、原创功能、驱动功能、辐射功能、主导功能"为框架构建了三级评价指标体系，充分借鉴了硅谷、波士顿、伦敦、东京等国际科技创新中心建设经验，结合国内外形势科学研判和北京国际科技创新中心建设基础问题分析，面向2050年提出了国际科技创新中心建设战略思路、原则和目标，设计了诺贝尔奖培育工程、颠覆性技术引擎工程、协同与开放创新引领工程、世界一流创新生态塑造工程四大战略任务，以期为高质量推进国际科技创新中心建设提供理论依据和决策支撑。

在研究过程中，得到了中国科学技术部、北京市科学技术委员会、北京市统计局、中国科学技术发展战略研究院等部门和单位领导、专家学者的热情帮助和悉心指导，谨致以诚挚的感谢。由于我们的学识和水平有限，书中错误和疏漏在所难免，欢迎读者提出宝贵意见和建议。

北京科技战略决策咨询中心

国际科技创新中心研究小组

2021 年 3 月 30 日

# 目　录

理论篇

# 一、国际科技创新中心的形成与发展

国际科技创新中心的兴起、更替及多极化，本质上是由科技革命、制度创新、经济长波等因素的历史性演变所决定的，也是时间与空间要素相互交织的结果①。通过从历史演变、全球战略竞争格局、政策演变的视角，剖析不同发展时期国际化创新型城市的功能演进、形成与发展脉络，有助于对新时代国际科技创新中心内涵与特征及外部功能进行系统把握与阐述。

## （一）从历史发展视角看国际科技创新中心

国际科技创新中心伴随世界技术革命进程不断演化。前三次科技革命推动社会从蒸汽时代、电气时代到信息时代的过渡演变，也推动了科技创新中心的演变。18 世纪 60 年代，第一次科技革命从英国发起，大规模生产的需要使得技术革新出现于纺织业，随着蒸汽机的改良使用，机器获得广泛普及和发展，引发产业变革，大机器生产取代传统手工生产，进而引发深刻的社会变革，推动经济、政治、思想等领域的变革。英国工业文明迅速发展，伦敦建成首个国际科技创新中心。19 世纪 60 年代后期，随着经济发展的需

---

① 熊鸿儒. 全球科技创新中心的形成与发展［J］. 学习与探索，2015（9）：112 – 116.

要，新技术、新发明在德国、美国等国家相继出现，并运用于各种工业生产，电气开始代替机器成为补充和取代以蒸汽机为动力的新能源，推动生产力极大发展，进一步对经济、政治、文化、军事等产生深远影响。德国和美国抓住机遇，逐步形成国际科技创新中心的承载地。20世纪四五十年代，原子能、电子计算机、空间技术和生物工程等领域技术革新引发第三次科技革命。凭借"二战"后的移民政策，美国集聚了大批国际顶尖科技人才，在新科技创新领域不断实现新的突破，形成技术领先优势，波士顿和硅谷地区发展成为新一批国际科技创新中心。进入21世纪，技术革命的轴心力量开始从西方向东方扩散，日本、中国、新加坡、韩国等国家抓住科技变革机遇，占据了智能时代技术革命主战场的一席之地，这将是百年未有之大变局的最重要变化。在第四次技术革命之后，人类的百年生产格局将会重新塑造，国际科技创新中心也将呈现多极化分布①。

从典型国际科技创新中心的形成与发展历程来看，国际科技创新中心存在以下几方面演化特征：

第一，国际科技创新中心的形成机理不断演变升级，从自然形成到政府主导的产学研用共生，再到网络生态构筑。纵观技术发展史，蒸汽机与电能技术的产生具有一定的偶然性，技术结构相对单一，英国、德国与美国抓住了前两次技术革命契机，实现了工业技术从无到有的转变，率先成为国际科技创新中心。而第二次技术革命中后期到第三次技术革命，国际科技创新中心的形成具有很强的预设性，政府主导下的产学研用共生，是该阶段国际科技创新中心形成的核心机理。20世纪80年代后期美国硅谷借助互联网技术

---

① 陈强. 全球科技创新中心：演化路径、典型模式与经验启示 [J]. 经济体制改革, 2020 (3).

的出现聚集了一大批互联网公司，实现了快速崛起。这一方面与"阿帕网（ARPA）"等互联网络基础技术的成熟密不可分，另一方面与美国政府通过阿尔·戈尔提出的"高性能计算和通信法案"及克林顿政府推行的"信息高速路"战略有直接关系。可以看出，政府引导硅谷借助互联网技术浪潮，围绕高新技术企业逐步打造产学研用的区域性协同创新网络，为硅谷成为全球领先的国际科技创新中心打下了坚实基础①。第三次技术革命后期至今，新材料、人工智能、新能源等大量具有革命性的技术呈现多点爆发，新技术以群落方式出现，科学技术化与技术科学化使得国际科技创新中心无法在预设的技术趋势下以政府主导的模式形成。知识全球化与产业全球化背景下，高端资源要素配置、研发合作与产业融通表现出明显的空间网络聚合特征，产学研用共生关系逐渐被"四螺旋、多群落、多形式"生态模式替代②。以网络化聚合的方式解决创新生态问题，成为未来国际科技创新中心形成与发展的主流模式。

第二，国际科技创新中心的使命特征发生变化，由追逐行业利益最大化转向寻求国家战略主导权。伦敦与纽约作为世界公认的两大国际科技创新中心，在最初的发展阶段，城市科技创新发展主要服务于助力国家获取行业的国际垄断地位，如当年的英国统治棉织品行业、美国超越英国成为钢铁行业全球老大；再后来，20世纪60年代，东京抓住了电子技术发展契机，帮助日本垄断全球电子消费市场。帮助国家建立起产业自主技术体系，成为第二、第三次技术革命时期，国际科技创新中心的主要使命。然而，随着新一

---

① 王猛．硅谷科技园区的嬗变与经验——读《硅谷百年史：伟大的科技创新与创业历程（1900～2013）》[J]．公共管理评论，2016（1）．
② 陈强．全球科技创新中心：演化路径、典型模式与经验启示[J]．经济体制改革，2020（3）．

轮全球技术变革的到来,从 20 世纪中后期开始,互联网、新材料、新能源等能够改变人类社会原有生产方式的技术不断涌现,科学技术逐渐成为国家实力的先导性因素,甚至关系国家安全与主权,从而赋予国际科技创新中心新使命,也就是从服务行业逐利转向国际战略竞争优势;从产业主导向全球化规则的主导权转变;从科技创新自给阶段进入全球科技创新引领阶段①。

第三,国际科技创新中心成长的动力特征发生改变,从单一资本驱动向创新生态网络带动转变。纽约、伦敦等城市在完成工业化积累后,几乎都选择了"财富驱动"作为支撑城市成为国际科技创新中心的主要动力,国际科技创新中心的发展都经历了一段以金融中心带动科技创新中心建设发展的过程,科技创新过度依赖金融与服务业②。随着技术变革引发产业技术体系日趋复杂,多样化的产业系统成为一个创新城市持续成长与发展的关键,科技创新中心的动力来源发生演变。从空间格局变化来看,技术创新中心或科学中心呈现合并成长态势。全球具有较强支配能力的科技创新中心正在以城市群的方式出现,如旧金山—圣何塞、东京—横滨等。另一个变化是系统网络成为国际科技创新中心的标志性动力特征。对全球高端资源的集聚具有较高的支配性,是当代国际科技创新中心的典型特征之一。而这种集聚与配置能力要借助高水平的研发网络、产业网络与城市网络等高价值网络来实现。创新网络是科技创新中心的原动力,表现为在技术革新中占据领先地位。这种技术原创力可以是城市内生的发展作为推动,也可以是通过政策性的引导进行主动加强。产业网络是科技创新中心的驱动力,表现为技术的转化应用与大规模普及,技术创新只有转化为现实生产力,才能带来实际意义上对于

---

① 李万. 全球科创中心:历史和未来启示 [J]. 文汇报,2015 (5).
② 张仁开. 上海培育全球科技创新中心核心功能的对策研究 [J]. 安徽科技,2018 (6).

经济社会发展的驱动，这就要求科学技术的创新要以问题与需求为导向。城市网络是科技创新中心的基本运行保障，表现为优良的创新生态，通过主动创造条件来集聚创新要素，优化创新环境，为技术创新与技术转化提供支撑。三大网络相互嵌套、相互融通，构成"系统性"、"结构化"创新网络枢纽型节点，支撑国际科技创新中心核心功能的实现。

## （二）从全球战略竞争格局视角看国际科技创新中心

简单回顾 19 世纪至今全球战略竞争格局演变，大致经历了多极格局、两极格局及多极化格局三个阶段。随着东欧剧变和苏联解体，世界各种力量经过发展和重新组合后，新的多极化世界格局已经初见端倪。以中国为代表的新兴市场国家和发展中国家整体性崛起，呈现加速发展态势，国际力量对比正在发生近代以来最具革命性的变化。全球战略竞争格局变化也在赋予国际科技创新中心一些新的变化和内涵。

首先，国际科技创新中心呈现层次化发展，瞄准全球科技创新中心成为争取全球竞争主动的必然。国际科技创新中心的形成并非一蹴而就，而是要经历一个渐进式的发展过程。麦肯锡公司将科技创新中心划分为"种子期"、"初具规模"、"快速发展"、"成熟期"、"衰退期"①。国际科技创新中心的发展除受所在城市创新资源支配、产业带动、知识辐射等方面规模与水平的左右，也会受外部国际竞争环境变化的影响。从创新型城市发展的质量特征角度，国际科技创新中心应该存在几个不同的发展层级。第一是区域层级，是指有限的创新资源主要集中于某一产业或行业，少量技术创新走进世

---

① 杜德斌，段德忠．全球科技创新中心的空间分布、发展类型及演化趋势［J］．上海城市规划，2015（1）．

界前列，代表性城市如印度的班加罗尔，作为亚洲地区软件工业中心。第二是国际层级，是指拥有多样化的产业系统，创新投入与产出规模较大，创新生态系统相对较为成熟，技术主导力统筹能够影响到所属经济大区，个别领域甚至能影响全球。目前，纽约、东京、伦敦等城市或城市群都已达到这个层级。第三是全球层级，是指工业基础完备、创新生态成熟，并且在人工智能、量子通信与计算、生命科学等未来能够引发产业变革或影响全球竞争格局的技术领域，具有绝对创新主导力，甚至承载着全人类与社会共同发展的使命。此类全球级别的科技创新中心是全球创新资源的集聚中心与创新活动的控制中心。此外，从国家主权与战略竞争角度，国际科技创新中心应当是本国在重点领域全球科技治理体系中，争夺主导地位的战略基点。我国努力打造国际科技创新中心，也是应对美国战略对抗、占据新一轮技术革命全球主导地位的必然选择。

其次，全球创新资源与创新活动向东转移。全球高端生产要素加速向亚太地区转移，为亚太孕育国际科技创新中心提供了机遇。从近几年2thinknow的全球创新城市排名来看，亚太地区城市上榜数量呈现不断增长趋势。这其中存在两方面原因：一方面，全球创新格局发生变化，欧美研发和创新活动逐渐向亚洲新兴经济体转移；另一方面，芯片、5G等现代产业的创新活动表现出研发投入巨大、市场回报率高两大特征，从而吸引高端生产要素与创新资源向东亚转移，未来亚洲必将诞生 1~2 个能与纽约、伦敦相抗衡的国际科技创新中心。

最后，国际经济中心向国际科技创新中心转型。国际科技创新中心存在及所达到的能级，预示着其所在国家在世界分工体系中所能达到的最大程度，因此成为知识经济时代大国转变发展模式、提升综合国力的重要战略支点①。近年来，纽约、伦敦、东京、新加坡、首尔等国际经济中心城市纷纷出台了相应的战略规划，致力打造国际科技创新中心。可以看出，一些经济基础优良的大城市，尤其是本身占据国际经济中心、金融中心、贸易中心城市，凭借国际一流水平的产业孵化、创新创业及营商环境，更容易在国际科技创新中心竞争中抢占先机。因此，加快培育北京、上海、粤港澳大湾区等城市群成为国际科技创新中心，是我国为实现全球创新引领所做出的战略选择。

## （三）从政策演变视角看国际科技创新中心

当前，世界正经历百年未有之大变局，国际格局深刻调整，不稳定不确定因素明显增多，国际竞争日趋激烈，新一轮科技革命和产业变革，正深刻推动着全球产业格局和创新版图的重构。处在和平崛起关键时期的中国，客观上需要一批高级别的科技创新中心来引领未来百年发展，确立并巩固自身在未来世界经济体系中的支配地位。

2020 年 11 月 28 日中国共产党第十九届中央委员会第五次全体会议审议通过《中共中央关于制定国民经济和社会发展第十四个五年规划和二〇三五年远景目标的建议》，明确提出"布局建设综合性国家科学中心和区域性创新高地，支持北京、上海、粤港澳大湾区形成国际科技创新中心"。这是国家规划文件中对于建设科技创新中心的最新提法和最新要求。"国际科技创新中心"的提法并不是凭空突然出现的，在此之前，国家领导人和相关政策文件就对此有相关表述。我国有关科技创新中心的表述经历了从

---

① 杜德斌．全球科技创新中心：世界趋势与中国的实践［J］．科学，2018（6）．

"全国科技创新中心"、"具有全球影响力的科技创新中心"到"国际科技创新中心"概念上的演变。

政策规划科技创新中心分阶段依次往前发展，各阶段发展相互交织、相互推动。以北京为例，"京津冀协同发展"的提出标志着北京建设区域（国内）科技创新中心建设阶段的开始：2011 年 3 月，国家"十二五"规划纲要提出"打造首都经济圈"；2014 年 2 月 26 日，习近平主持召开京津冀三地协同发展座谈会，将京津冀协同发展上升为国家战略；2015 年 4 月 30 日，中共中央政治局会议审议通过《京津冀协同发展规划纲要》把北京的功能定位为四个中心，即政治中心、文化中心、国际交往中心和科技创新中心。"全国科技创新中心"、"具有全球影响力的科技创新中心"概念的提出，将北京推向全国科技创新中心建设阶段：2013 年 9 月 30 日，中共中央政治局在中关村举行集体学习时，习近平总书记对中关村提出加快建设具有全球影响力的科技创新中心的要求，希望中关村为全国创新驱动发展更好发挥示范引领作用；之后，他两次视察北京，对北京先后提出"建设全国科技创新中心"、"建设具有全球影响力的科技创新中心"的要求；2016 年 5 月，中共中央、国务院发布《国家创新驱动发展战略纲要》，提出"推动北京、上海等优势地区建成具有全球影响力的科技创新中心"；2016 年 9 月，国务院印发了《北京加强全国科技创新中心建设总体方案》，明确了北京加强全国科技创新中心建设的总体思路、发展目标、重点任务和保障措施。"国际科技创新中心"的提出标志着北京进入国际科技创新中心发展阶段：2020 年 11 月 28 日，中国共产党北京市第十二届委员会第十五次全体会议通过《中共北京市委关于制定北京市国民经济和社会发展第十四个五年规划和二〇三五年远景目标的建议》，提出"建设国际科技创新中心"。

科技创新中心每一阶段的发展目标都是对下一阶段的展望，国际科技创新中心建设的最终目标是形成全球科技创新中心。以北京为例，在区域（国内）科技创新中心建设阶段，要求北京进一步调整结构、优化布局，形成对周边区域、城市的带动和辐射能力，强化北京区域核心地位，《京津冀协同发展规划纲要》将北京定位为全国科技创新中心，是对北京下一阶段目标的展望；在全国科技创新中心建设阶段，2016 年 9 月 18 日，国务院印发《北京加强全国科技创新中心建设总体方案》提出，"到 2030 年，北京全国科技创新中心的核心功能更加优化，成为全球创新网络的重要力量，成为引领世界创新的新引擎，为我国跻身创新型国家前列提供有力支撑。"即使是提建设全国科技创新中心，国家在制定政策规划时，也不仅仅将目标定在全国范围内，而是面向全球，同样是对下一阶段科技创新中心建设目标的展望；在国际科技创新中心阶段，《"十四五"北京国际科技创新中心建设战略行动计划》提出，"到 2035 年，北京国际科技创新中心创新力、竞争力、辐射力全球领先。"也就是说，国际科技创新中心建设的最终目标是面向下一阶段的全球科技创新中心。

## 二、国际科技创新中心的内涵、功能特征与结构

《中共中央关于制定国民经济和社会发展第十四个五年规划和二〇三五年远景目标的建议》将"坚持创新驱动发展，全面塑造发展新优势"作为

首要重大战略决策，以应对激烈的国际竞争及单边主义、保护主义上升所带来的挑战。国家布局建设综合性国家科学中心和区域性创新高地，支持北京、上海、粤港澳大湾区形成国际科技创新中心的战略时点，需要站在构建"人类命运共同体"的全球视角，多维度深入剖析国际科技创新中心形成及发展遵循的客观规律，对国际科技创新中心的内涵、特征与功能、网络结构进行综合分析，并对推进模式做出前瞻性的思考。

## （一）国际科技创新中心的内涵

关于国际科技创新中心的内涵目前尚缺乏统一认识，也有全球科技创新中心的提法，例如美国《连线》杂志，2000 年 7 月最早提出"全球技术创新中心"的概念；联合国《2001 年人类发展报告》提出"技术成长中心"的概念；上海市人民政府发展研究中心明确界定全球科技创新中心是指科技创新资源密集、科技创新活动集中、科技创新实力雄厚、科技成果辐射范围广阔、在全球创新网络体系中处于枢纽地位和发挥引擎作用的城市或地区[①]。华东师范大学城市与区域科学学院院长杜德斌，深入比较分析国外、国内的研究和实践后，定义全球科技创新中心是全球创新网络中的枢纽型节点城市，是世界创新资源的集聚中心和创新活动的控制中心[②]。

相对全球化不区分国别、民族、个体，国际化则是建立在至少两个国家的合作、交流之上，首要的前提是基于一个国家，但要兼具多国性质或特色的现象（辞典修订版）。因此，国际科技创新中心内涵的界定里，要充分认识

---

[①] 上海市人民政府发展研究中心课题组，肖林，周国平，严军. 上海建设具有全球影响力科技创新中心战略研究 [J]. 科学发展，2015（4）：63 – 81.

[②] 杜德斌. 全球科技创新中心：世界趋势与中国的实践 [J]. 科学，2018，70（6）：15 – 18 +69.

"全球"和"国际"的异同，强调如何支撑国家发展国际战略科技力量的形成。从纽约、伦敦、旧金山湾区等国际科技创新中心的形成与发展来看，国际科技创新中心内涵的界定，需要在百年未有之大变局时期，将新一轮世界科技革命和产业变革的深入发展，深刻融入到科技创新中心国际化中。

综上，国际科技创新中心是城市创新要素、创新主体、创新环境等创新资源突破国家的界限，在逐渐构建形成国际创新网络的过程中，一些经济或科学发展历史厚重、地理区位优势明显、创新创业环境优良，能够集聚与配置国际创新资源、领衔原创性知识的国际化创造、驱动产业技术的国际化价值实现的城市或城市群；是国际创新网络枢纽型节点，能够辐射与主导国际创新活动，引领、支撑所在国家与国际地区的创新发展。如图1-1所示，结构方面，国际科技创新中心形成了区域嵌套于国家，国家嵌套于国际的层级结构，进而对应不同层级结构化功能、特征和网络。

## （二）国际科技创新中心的功能

结合国内外研究，国际科技创新中心发展具有如下显著标志：一是能够集聚各类创新要素和有影响力的科研组织，吸引高素质人才和拥有发达的资本市场；二是拥有比较完整、适宜的创新链和产业链，在形成一批具有国际影响力的科技成果和创意的同时也能就地迅速实现产业化；三是拥有大量高成长、活力迸发和国际影响力的创新型企业，在若干产业领域具有领先水平；四是具有"宜居""宜业"的生活和商业环境和容忍失败、多元包容的文化氛围。围绕国际科技创新中心的显著标志[①]，从创新链、创新生态的角

---

① 陈宝明，吴家喜．再造新动能 创新引领供给侧结构性改革［M］．北京：科学技术文献出版社，2018．

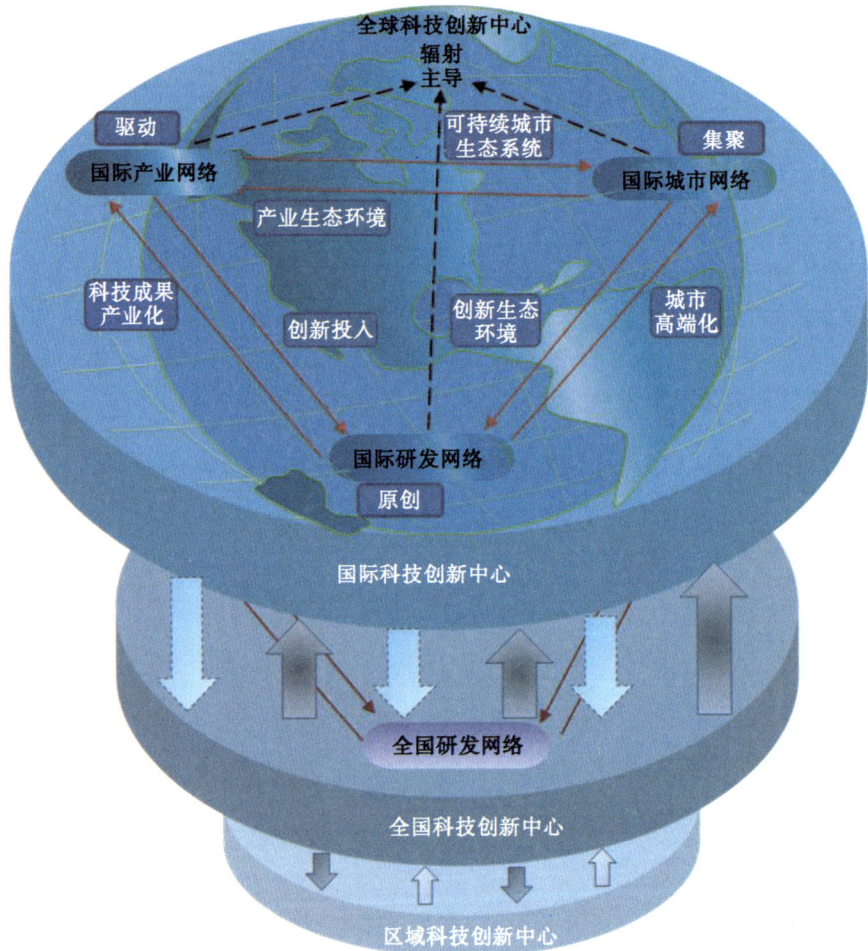

图 1-1　国际科技创新中心总体结构图

度，结合知识生产、应用和扩散视角分析，我们认为国际科技创新中心具有如下功能：

**1. 集聚功能——集聚力**

知识积累是生产应用扩散的前提和基础。由于具备良好的创新生态环境、具有"宜居""宜业"的生活和商业环境、多元包容的文化氛围，从而对全世界创新资源形成的强大吸引力，能够集聚各类创新要素和有影响力的科研组织，吸引高素质人才和金融资本。包括创新人才、创新企业和创新金融机构等，实现全球高端创新资源"聚集、聚合、聚变"。

在新经济地理学中，集聚（Agglomeration）是指资源、要素和各种经济活动在地理空间上的集中趋势和过程。在规模经济递增和不完全竞争的情况下，经济资源和经济活动集聚到一起，在外部经济（外部性）的作用下，集聚在一起的各经济主体通过规模经济和范围经济等内在经济机制达到提高效率、降低成本、增强竞争力等收益，从而形成一种集聚经济的内在吸引力。

集聚力把科技创新资源，包括人才、资本、研发机构、企业等，有机集合到一起。集聚力是科技创新中心的基础，反映了创新投入，体现了创新要素的涵养与流动，为产业升级和经济转型发展提供要素支撑。集聚力是形成良好创新生态系统的关键。通过强大的集聚力为区域内创新创业提供了丰厚的要素基础，也是原创力、转化力、辐射力得以实现的先决条件。只有依托得天独厚的科教资源、吸引全球高端人才资源，占有丰厚的科技条件资源，拥有便捷高效的科技服务资源，以及一大批富有创新精神的科技企业资源，才可能成为科技创新引领者与创新创业的首选地[①]。

创新资源的集聚和科技创新活动的空间分布，无论在全球尺度还是在地区尺度上，都是极度不平衡的，它们高度集中在全球少数地区或城市，犹如"钉子"般高高凸起，成为所在国家科技创新发展和科技综合实力的核心依托。例如，东京集中了日本约30%的高等院校和40%的大学生，拥有全日

---

① 闫仲秋，王力丁，中建军. 首都建设全国科技创新中心研究 [M]. 北京：中国经济出版社，2016.

本 1/3 的研究和文化机构，以及全日本 PCT 专利产出的 50% 和世界 PCT 专利产出的 10%。硅谷以不到美国 1% 的人口创造了全美 12% 的专利产出，吸引了全美超过 40% 和全世界 14% 的风险投资。纽约集聚了全美 10% 的博士学位获得者、10% 的美国国家科学院院士以及近 40 万名科学家和工程师，每年高校毕业生人数占全国的 10% 左右。伦敦集中了英国 1/3 的高等院校和科研机构，每年高校毕业学生约占全国的 40%[①]。

体现形式：人才集聚、资本集聚、跨国公司总部集聚等。

## 案例：人才集聚——硅谷多样化人才池

斯坦福大学和加州大学伯克利分校为硅谷提供了大量人才，仅诺贝尔奖获得者就有 50 多名，同时拥有多样的高素质人才，包括工程师、科学家、企业家、投资家以及专业金融和法律服务人员。在硅谷地区，技术移民人口占当地总人口的 36%（2012 年数据），其创建的企业占到硅谷全部高科技企业的 1/3 多。

## 案例：资本集聚——硅谷风险资本

1999 年，硅谷吸引的风险投资资金就达 130 亿美元，占美国风险投资总量的 1/3，世界风险投资的 1/6。著名的苹果公司、英特尔公司、微软公司、IBM 公司等靠风险投资发展起来的高技术企业也向高技术中小企业注入风险资金。

---

① 杜德斌. 全球科技创新中心的兴起［N］. 文汇报，2015 - 05 - 31.

### 案例：跨国公司总部集聚——印度班加罗尔

核心区面积 1.5 平方公里的班加罗尔软件科技园区集聚了 3500 家高科技企业，包括近 800 家跨国公司，世界软件外包企业 500 强中有 400 家入驻班加罗尔，英特尔、通用、微软、IBM、SAP、甲骨文等世界著名 IT 企业均入驻该地。

#### 2. 原创功能——原创力

知识生产的表现。由于聚集一批勇于创新人才和一流的高校、科研机构、创新型企业，必然形成集人才培养、知识创新和技术创新为一体，产生一系列原创成果，成为新思想、新知识、新技术、新产品和新模式的发源地。

原创力是一个地区科学技术原始性创新的总体能力。包括科学的探知和发现，以及技术的理论形成和重大发明。原创力的根本表现依赖于理论基础研究和应用基础研究的能力和水平，它不仅标志着一个国家和地区原始创新能力的强弱，也是国际大都市可持续发展的根本动力[1]。美国学者 V. 布什曾指出："一个在新基础科学知识上依赖于其他国家的国家，它的工业进步将是缓慢的，它在世界贸易中的竞争地位将是虚弱的，不管它的机械技艺多么高明[2]。"

衡量指标（部分）：论文、专利、原创产品等。

---

①② 刘昱东．"两弹一星"工程中的后发优势与劣势分析及启示［J］．工程研究——跨学科视野中的工程，2019，11（2）．

### 案例：原创产品——硅谷原创产品层出不穷

硅谷的高科技企业云集，产生了对美国和世界有着巨大影响力的创新技术和创新产品。

IBM 公司在 1932 年投入巨资 100 万美元建设第一个企业实验室，在整个 30 年代这个实验室的研发让 IBM 在技术产品上获得领先。IBM 在第二次世界大战期间为海军建了 Harvard Mark I，这是在美国的第一个大规模的自动数码电脑。在 1964 年，IBM 推出了划时代的 System/360 大型计算机，从而宣告了大型机时代的来临。1981 年 8 月 12 日 IBM 推出世界上第一台个人电脑，为美国和全人类的进步做出了巨大贡献。

微软公司是世界个人计算机软件开发的先导，目前是全球最大的电脑软件提供商。1985 年开始发行 Microsoft Windows1.0，它是 Windows 系列的第一个产品，同时也是微软第一次对个人电脑操作平台进行用户图形界面的尝试。Microsoft Windows 操作系统和 Microsoft Office 系列软件占据了全世界大部分电脑的操作界面。

惠普（HP）是世界最大的信息科技（IT）公司之一。1968 年，世界第一台台式科学计算器 HP 9100A 问世。它是惠普今天高性能工作站产品线的前身。70 年代推出第一台袖珍式科学计算器。1972 年，惠普推出具有划时代意义的第一台个人计算工具：HP-35 掌上科学计算器，并将工程计算尺淘汰。以 HP 3000 微电脑进军计算机领域。到 80 年代，惠普成功地推出了可与个人电脑连接的喷墨打印机和激光打印机。

Intel 公司是全球最大的个人计算机零件和 CPU 制造商，它成立于 1968 年，具有 46 年产品创新和市场领导的历史。1971 年，英特尔推出了全球第一个微处理器。微处理器所带来的计算机和互联网革命，改变了整个世界。在 2015 年世界五百强中排在第 182 位。

特斯拉汽车公司是一家以美国硅谷为基地，在纳斯达克上市的纯电动车生产及设计公司，其总部位于加州帕罗奥图。特斯拉汽车完全没有发动机，没有复杂的传动系统，核心部件只有三种东西，即锂电池组成的底盘、四个电动机和由软件控制的操作平台。在特斯拉出现之前，没有一个人能敢想创造一种把发动机去掉的汽车。

谷歌在 2012 年 4 月正式宣布开发增强现实眼镜项目，并首次向公众展示谷歌眼镜原型产品。由于将多样化的智能体验，如导航、通话、声控拍照、收发邮件等集于一身，谷歌眼镜让科技界为之沸腾，并被美国《时代》周刊评为 2012 年度创新产品，而实际上这款眼镜直至 2014 年 4 月才正式开放对个人用户提供订购。随着谷歌眼镜的问世，相对成熟的技术加上更快实现的商业价值，由可穿戴设备引领的智能硬件浪潮从而席卷全球。

苹果公司 2007 年在美国洛杉矶发布了第一代 iPhone，这预示着智能手机的兴起。在发布 iPhone 时，乔布斯称 iPhone 为"革命性的移动电话"，将"完全改变电信行业"，因为 iPhone 将电话和因特网结合在了一起，颠覆了人们内心关于手机的知识和想法。

## 案例：专利技术——以色列的创新技术

以色列约 60% 的领土是沙漠。以色列人在恶劣的自然环境中发展出了世界一流的现代农业，他们所依靠的除了先进的理念外，主要是充分发挥了科技是第一生产力的作用。科技的价值在于不断满足和创造需求。以色列人没有充足的淡水资源，就创造了滴灌技术；没有优良的土壤，就创造了无土栽培技术；没有适宜作物生长的夏季，就研发出了光热网膜技术等。以色列虽然是沙漠小国，但是名副其实的科技创新和高技术出口"全球性大国"，尤其是以色列的十大创新科技将引领未来发展趋势——空中交通 SkyTran、绿色燃料 Green Feed、冷冻疗法 IceCure Medical、轻薄 Gauzy、城市航空 Urban Aeronautics、无线充电 Wi‑Charge、夜视镜 Night Vision Lenses、移动眼 Mobile Eye、储存点 Store Dot、实视 Real View。

## 案例：论文产出——硅谷高校论文

台湾大学设计了一套符合多数大学情况的指标体系，涵盖了临床医学、工程学、生命科学、自然科学、社会科学、农学 6 个研究领域，14 个学科门类，着重研究论文质量，根据近 11 年学术论文的质量表现进行排名。2013 年是第七次公布世界大学研究论文质量排名，世界前六名大学全在美国，其中 3 所在加州，分别是斯坦福、伯克利和加州大学洛杉矶分校。

### 3. 驱动功能——驱动力

知识应用的表现。当今世界，科技成果转化周期越来越短，创新更迭和创新成果普及应用不断加快，呈现快鱼吃慢鱼态势，创新成果若无法实现快速转化，无法转化为现实生产力，创新价值就无法实现[①]。由于在创新生态中形成了每个角色都有将创新成果商业化的动力和环境（资本和服务）及保护各自利益的规则，实现了科技成果快速转移转化，从而通过产品创新、市场创新和管理创新带动产业变革，实现科技与经济社会深度融合发展。

世界科技界有个共同难题，就是科技成果从实验室走进企业，变成社会

---

① 张士运、王健等.科技创新中心的功能与评价研究［J］.世界科技研究与发展，2018（1）.

所需要的产品。这段路程美欧科学家称之为"噩梦时代"，日本科学家将其称为"死亡之谷"。许多科研成果只活在实验室与学术刊物里①。

主要表现方式：拥有比较完整、适宜的创新链和产业链，在形成一批具有国际影响力的科技成果和创意的同时也能就地迅速实现产业化。主要体现形式：产学研联系、法制激励、科技服务业等。

## 案例：滴滴出行快速转化

"滴滴出行"是中国知名的一款免费打车平台。2012年6月6日，北京小桔科技有限公司成立，经过3个月的准备与司机端的推广，9月9日在北京上线。"滴滴出行"App改变了传统打车方式，建立和培养出大移动互联网时代引领下的用户现代化出行方式。与传统电话召车和路边扬招相比，滴滴打车改变了传统打车市场格局，利用移动互联网特点，将线上与线下相融合，从打车初始阶段到下车使用线上支付车费，画出一个乘客与司机紧密相连的O2O完美闭环，最大限度优化乘客打车体验，改变传统出租司机等客方式，节约司机与乘客沟通成本，降低空驶率，最大化节省司乘双方资源与时间。

## 案例：小米手机从研发到产品发布用时不到一年

小米手机是一款由小米科技研发、由英华达和富士康代工制造的MIUI平台智能手机。小米手机从研发到产品发布仅用了不到一年的时间。小米手机研发启动时间为2010年10月，团队组成：由原摩托罗拉北京研究中心高

---

① 吴彪，李桐．春华秋实十五载　砥砺前行再出发——记中国科学院宁波材料技术与工程研究所建所15周年［J］．科学中国人，2019（17）．

级总监周光平负责硬件和 BSP 团队，原北京科技大学工业设计系主任刘德负责手机工业设计与硬件采购。2010 年 10 月至 2011 年 7 月进行封闭研发。2011 年 8 月研发完成。2011 年 8 月 16 日，小米手机在北京 798 艺术中心 D·PARK 北京会所举行发布会，正式发布小米手机。

## 案例：科技服务业——硅谷成果就地快速转化

硅谷被誉为全球创新中心，这里每年新创办的企业数量在 5 万家左右，风险资本占全美的 40%，还聚集了一大批创新创业的服务机构。与波士顿相比，硅谷的成功主要源于其"鼓励创新，宽容失败"的文化氛围和生态环境。在硅谷，高校、企业、研发机构、风险资本和各类中介机构紧密互动，形成了开放的创新生态群落。在这个群落中，大量心怀梦想的创业家、研究人员和投资者频繁交流和互动，使得有价值的技术和商业项目迅速被发现，由此可能成长为参天大树。硅谷文化崇尚探索和创新，敢于冒险，宽容失败，形成了鼓励创新创业的良好氛围。硅谷集聚了大批从事风险投资、研发设计、知识产权、创业孵化、市场推广等各类科技服务企业。2013 年硅谷获得的风投和天使投资分别占美国加州的 77%、87%。对企业来说，最大的困扰不是"谁愿意投资"，而是"拿谁的钱更有价值"。

## 案例：法制激励——《拜杜法案》

《拜杜法案》的核心是将以政府财政资金资助为主的发明的知识产权归属于发明者所在的研究机构，鼓励非营利性机构与企业界合作转化这些科研成果，以促使发明技术在美国的应用。主要内容有以下几方面：①允许小型企业或者非营利性组织（包括大学）取得政府资助所获发明的专利权，但不包括大型企业、外国人或者管理经营的合约人。②政府保留"介入权"（March-in Right），即大学如未能通过专利许可方式使某项发明商业化，联邦政府将保留决定该项发明由谁来继续商业化的权利。但政府干预权仅限于此。③根据联邦政府资助的发明而进行的生产并销售的产品，必须有相当比例是在美国制造完成的。

## 案例：产学研联系——斯坦福大学

斯坦福大学的许多教授在研究过程中发明了某项技术，于是便将精力放在将技术产业化的创业上，在创业成功并把公司卖掉以后，又回到学校继续担当教职，这就形成了产业界和研究界间的"旋转门"现象。在硅谷，像这样同时具有投资人、企业家、顾问等各种身份的大学教授不在少数。在知识与技术的创造上，通过大学衍生企业、技术许可办公室、大学咨询教授制度、企业界最新最先进技术的委托研发、合作研发、共同的前沿问题研讨等众多途径，创造循环往复，并且在循环往复中形成了持久的创新动力。

## 案例：法治激励——斯坦福大学技术转化中心

斯坦福大学技术转化中心创建于1970年，至今已经有累计超过6000项发明公布，其中有超过2200项发明得到市场的良好反应，技术转化中心执行了超过2600项发明转化，当中有接近1500项转化的发明得到市场的良好认可。斯坦福大学技术转化中心已经产生了将近10.3亿美元的累计总转让收入，其中有超过8.94亿美元留在了斯坦福/发明者，技术转化中心已经为研究激励基金提供了3700万美元。

斯坦福大学技术转移中心对于技术转移收入的分配政策是：总体转让收

入的15%作为技术转移中心成本，归为转移中心的管理费用，减去这些开支是该项技术成果转移的净转让收入。净收入的1/3给技术的直接发明者，1/3作为继续研究的科研经费，由技术成果发明者掌管使用，1/3作为收入。1/3的收入再分成三份，一份分给学校，一份分给发明者所在院系，一份分给该技术发明的团队。由于斯坦福大学学校经费充足，学校将其收入奖励给该技术发明的团队。

**4. 辐射功能——辐射力**

知识扩散的表现。由于创新中心拥有较多的原创成果、新知识、新技术和全球有影响力企业，从而与世界各地的创新形成比较优势，必然对全球的强大创新产生辐射力。

辐射力是指区域科技创新对周边或者外部地区的发展带来动力和综合影响力，包括专利、人才、技术、市场等要素的流动和转移，以及科技创新思维方式等方面的传播，是区域之间保持联系、相互作用的基本运动形式，主要从辐射源和辐射流两方面来衡量。辐射源就是指科技创新水平相对比较高的地区。辐射的媒介主要体现在交通条件、信息传播、人员流动、资金流动和技术转移等方面[①]。辐射流就是指辐射源对外科技联系。

作为国际科技创新中心，担负着通过科技成果和创新要素的高端辐射，引领带动全球科技创新和产业升级的使命。通过技术、资本、人才、信息、管理、政策等向周边地区和其他省区市乃至全球辐射溢出，通过绿色技术的转移带动全国城市精细化管理和生态文明建设，通过形成具有推广价值的创新观念、体制机制、创新环境和文化氛围，在国际范围内发挥示范引领作用[①]。

---

① 王康达.南京市经济辐射力研究［D］.中共江苏省委党校，2014.

辐射的主要方式：知识技术溢出、人才流动、合作交流（研究中心、知识技术交流、课题合作）等。

## 案例：硅谷的区域辐射

华人、印度人是硅谷最多的移民者，这些企业家无论企业重心是在硅谷还是母国，都保持和两个地方的密切联系，这种联系既为硅谷提供了产业辐射的基地和有益补充，更带动了母国的相应区域产业发展，在经济全球化的背景下同时提升了几个区域的创新能力和产业优势。通过人才的流动，硅谷的高科技、商业模式、风险投资等辐射到了中国、印度等地，形成了新的科技创新中心。

## 案例：惠普合作交流共建研发机构

中国惠普公司总部位于北京，已在国内设立了九大区域总部、28 个城市办事处、37 个支持服务中心、超过 200 个金牌服务网点、两家工厂、一个全球软件开发中心、一个全球运营支持中心以及惠普商学院、惠普 IT 管理学院和惠普软件工程学院。

中国惠普（HP）资助成立了北京大学惠普计算机中心；在清华大学和上海交通大学建立了中国惠普自动化设计中心；先后为华中科技大学、浙江大学和复旦大学捐助建立联合实验室，共同进行网格计算、移动计算和高性能计算等方面的合作研发等，无形中对我国产生了技术溢出。

## 案例：硅谷技术和商业模式辐射

技术和商业模式辐射在中关村发展过程中起到了关键作用。一方面，在

20世纪90年代，硅谷大公司开始在中关村设立跨国运营总部和研发机构，使中关村成为国际产业接驳中国信息化发展的桥头堡，带来了新的两地技术和产业链接。IBM（微博）、升阳微系统、英特尔硅谷大公司直接进驻中关村。另一方面，从20世纪末到21世纪初，是硅谷互联网产业诞生和走向繁荣阶段，在此背景下，很多技术流向中关村，并与硅谷的产业链有了更深层次的关联与互动。例如，新浪的成立与发展贯穿着硅谷的风险投资模式；搜狐的建立深受雅虎商业模式的影响；百度无论从风格定位、主营业务还是商业模式上都充分借鉴Google的经验，并获得过Google等来自硅谷风险投资的资金支持。

### 5. 主导功能——主导力

知识生产、应用和扩散的综合表现。由于在这种生态系统中形成了世界一流的创新企业和一流的原创成果，必然对全球科技创新和产业发展产生深远影响，占据价值链和创新链的高端，从而最终形成支配和主导格局的态势。主导力是科技创新中心的终极表现，只有充分发挥科技创新中心的主导力，才能具有统筹协调创新资源，引领创新方向的效能。

主导力是企业特别是通过跨国公司把握关键性资源、掌握主动和掌控程度的衡量。作为国际科技创新中心必须要具备这种掌握全局的控制力。通过企业自身的核心优势掌控产业链的关键节点、关键要素、主动权、决策权和资源配置权等，进而获取产业链中的独特收益，并对参与合作分工的其他企业进行主导。这种对产业链主导力可以认为是在全球生产体系中，一个国家、一个地区的资本基于创新、技术标准制定、生产效率、营销能力等领先优势而形成的主导本国本地区产业发展格局，决定本国本地区主要产业发展方向的综合力量。实现产业主导力，意味着本民族本地区资本能够决定特定产业主导产品的定价权。主导财富的流向，实现该产业的生存安全。同时，也意味着本民族本地区资本能够决定本国主要产业的发展进程和发展方向，实现产业的发展安全。需要强调的是这种主导绝非行政干预，恰恰是一种市场行为，是基于市场在资源配置中发挥决定性作用的。

主导力是评价国际科技创新中心建设对全球科技创新的影响程度的重要指标。主要表现是拥有大量高成长、活力迸发和国际影响力的创新型企业，在若干产业领域具有领先水平等。主要方式是产业链主导、资本主导、知识产权主导等。

## 案例：产业链主导——硅谷产业主导

硅谷是当今世界公认的科技创新中心，这里拥有谷歌、英特尔、HP、思科、甲骨文等一大批高技术企业，这些企业掌握着先进的技术，通过制定标准操纵着"游戏规则"，主导着产业链中的关键性环节和关键模块，进而主导整个产业。

## 案例：资本主导——Intel公司通过战略投资计划加强主导

英特尔在20世纪90年代初开启战略投资计划，并设立投资事业部——Intel Capital。英特尔投资（Intel Capital）在全球范围内向创新型的科技公司和初创企业进行资本投资，涉及企业级、数字媒体、移动计算、消费互联网、半导体生产制造等不同领域的软硬件和技术服务公司。英特尔投资的目标是"支持英特尔战略发展规划，从投资中获得财务收益"，至今已实现数十亿美元的现金收益。英特尔投资分为四大类型：强化市场主导、主导新兴市场、主导产业链、主导未来尖端技术。

1991 年至 2015 年 8 月底，该投资部门已在全球 57 个国家和地区，对超过 1463 家公司进行投资，投资总额超过 116.4 亿美元。其中 378 家公司被收购、213 家公司在全球多个证券交易所上市。英特尔投资不断增加对美国本土之外的投资比例，从 1998 年的不足 5% 增加到 2014 年的约 46%。

## 案例：知识产权主导——谷歌公司收购安卓公司实现智能手机市场主导

Android Inc. 是一家小型无线软件创业公司，谷歌在 2005 年 7 月斥资 5000 万美元收购了该公司，开始开发这个基于 Linux 内核，功能灵活升级方便的移动操作系统。这次技术并购被称为谷歌有史以来"最成功的收购交易"。目前，Android 已经成为智能手机所使用的主流操作系统，市场占有率高达 80%，远超苹果 iOS 和微软 Windows phone。

## 案例：高智发明通过全球收购专利实现知识产权主导

位于西雅图的科技公司高智发明（Intellectual Ventures）既不是拥有最多专利的公司，也不是勇于创新、对研发工程积极追求的公司；这家创立于 2000 年的科技公司被誉为"专利海盗"。截至 2014 年底，高智发明有超过 70000 项专利，是美国拥有专利组合第 5 多的公司，在世界上排名第 15 位。但是，几乎所有这些专利都是购买获得，高智发明自己并没发明多少专利。同时，高智发明使用了 1200 多家空壳公司，高智发明的业务难以追踪还因为它把专利都分配到了不同的空壳公司中，利用这些空壳公司，高智巧妙地布局了一系列专利"陷阱"。高智公司利用知识产权法律体系，迅速构筑了在诸多行业领域的主导力，这笔庞大的专利资产让它成为科技界的包租公，上至开发网站下至更换镜头都要向高智发明确认是否违反专利。

## 案例：产业链主导

一部 iPhone 手机的零部件供应商多达 451 家企业，分布在全球 31 个国家，串联多个全球科技创新中心城市，掌控手机产业链。硅谷掌握着信息产业的核心技术和标准，负责产业链上游的芯片设计，中国台湾、印度班加罗尔等掌握着中游的技术，承担着 IC 的代工及软件模块开发和嵌入式软件开发等技术。

## 全面的案例：硅谷集聚、原创、转化、辐射和主导

硅谷建立在由政府作为创新环境营造者、企业为技术创新主体，发挥一流大学、科研机构基础作用，以宽容的文化氛围、完善的资本市场、良好的创新设施、优质的创新服务为支撑的宜居、宜商、宜创的创新生态系统。在硅谷创新生态系统下，对全世界创新资源形成的强大吸引力，形成了一系列原创成果，在创新生态中形成了每个角色都有将创新成果商业化的动力和环境及保护各自利益的规则，实现了科技成果快速转化，逐渐形成了全球有影响力企业，并逐渐形成了对全球的强大创新辐射力，并对全球创新产生深远影响。

应该说具备集聚力、原创力、转化力、辐射力和主导力是科技创新中心的理想状态，然而，并不是所有的科技创新中心都同时具有这五种功能，有的科技创新中心也可能只具备其中的一种或者几种，但是能够拥有全部的"五力"应该是每一个科技创新中心的终极目标。

## （三）国际科技创新中心的特征

国际科技创新中心外在功能的实现依托于其内在特征的不断演进。从科技创新视角来看，随着规模的扩大、质量的提升、动力的增强，城市外在功能层级不断跨越，所承载的历史使命也不断发生变化，实现从一般创新型城市向本地区域科技创新中心、全国科技创新中心、国际科技创新中心、全球科技创新中心的层级跃迁。国际科技创新中心城市在其发展与演进中，表现出规模、质量、动力、水平、使命五大特征。

### 1. 规模特征

国际科技创新中心城市或城市群的规模特征是创新人才、创新主体等创新要素与城市创新环境在对应地理空间范围上的一种体现。这种地理空间范围性体现在大规模且具有扩张性的行政规划、人口、经济、对外连通及带动和影响。例如：作为全球知名的科技创新中心，旧金山湾区陆地面积1.8万平方公里，常住人口966.6万，GDP高达10319.23万美元（2018年）[1]，拥有旧金山、奥克兰等3个国际机场；截至2020年9月，拥有115家独角兽企业（同期全球共609家[2]）；截至2020年，拥有苹果、谷歌、英特尔、脸书等具有全球影响力的39家《财富》500强公司（主要来自科技行业）[3]。当创新主体达到一定规模时，创新的空间辐射与带动范围随之扩大，已形成的空间规模为国际科技创新中心进一步聚合创新资源奠定基础。

---

[1] 杜昕然. 湾区经济发展的历史逻辑与未来趋势［J］. 国际贸易，2020（12）：48 - 57.

[2] Crunchbase：2020 年 7 月全球投资总额 268 亿美元［EB/OL］.（2020 - 08 - 16）http：//www.199it.com/archives/1099534.html.

[3] How will COVID - 19 shape the future of the Bay Area's innovation ecosystem? ［EB/OL］.（2020 - 10）http：//www.bayareaeconomy.org/report/economic - profile - 2020 - the - future - of - the - bay - areas - innovation - ecosystem/.

## 2. 质量特征

国际科技创新中心的质量特征是指中心所在城市前瞻性感知世界发展脉搏，以动态适应的方式引领全球知识创造与科技创新发展方向的能力，主要体现在世界级人才、研究机构、产业集群三方面创新资源的集聚。仍以旧金山湾区为例，截止到 2020 年 10 月，超百位诺贝尔奖得主和数十位图灵奖得主、菲尔兹奖得主曾在旧金山湾区求学或工作，也归因于旧金山湾区汇集 5 所包括斯坦福大学、加州大学伯克利分校等在内的世界级研究型大学，5 个国家实验室领衔的实验室集群；另外，旧金山湾区在高新技术、生物医药科学、航天、能源研究等方面，引领全球 20 多种产业的发展潮流①。由此可以看出，国际科技创新中心高质量集聚国际人才、资本、机构、信息等创新资源和要素，形成新知识、新技术、新产品等原创成果，在国际社会发展和市场需求的驱动下，不断转化为现实生产力，实现成果的商业化和产业化，形成研发与产业的正反馈循环，进而促进国际科技创新中心内在质量的提升。

## 3. 动力特征

国际科技创新中心的动力特征是指文化、科学精神、社会制度等城市发展过程中的内在性历史累积，所形成的先进文明、韧性的多元文化、包容的社会制度，能够促进创新型城市发展内在动力的形成。例如：伦敦、纽约、东京等，这些城市拥有悠久的发展历史，其内生的文明承袭造就了深厚的文化底蕴，是国际科技创新中心形成和发展的重要内生动力。旧金山湾区创新驱动型经济大部分由移民加强，根据美国政策全国基金会的数据，2018 年，

---

① 上海全球城市研究院 . 旧金山湾区成功原因及对创新驱动区域发展的启示［EB/OL］. https：// www. thepaper. cn/newsDetail_ forward_ 11071617.

超过一半估值在 10 亿美元的初创公司，至少有一个移民创始人，体现出旧金山湾区包容、多元的国际社会文化、制度。当然，国际科技创新中心的形成和发展还受到一些外在的因素影响，主要涉及政策导向、国际竞争环境、自然环境等，这些外在影响因素起到一种辅助或阻碍的作用，当外在推动能力强的时候，能够促进和推动内在动力的形成，并提高内在动力作用的发挥；当外在推动能力不足的时候，将减弱内在动力的作用发挥。

**4. 水平特征**

国际科技创新中心的水平特征又称层次性特征，是科技创新中心从低层级向高层级的跃迁。从国内外科技创新中心的发展历史和发展演变视角来看，科技创新中心分为区域科技创新中心、全国科技创新中心、国际科技创新中心和全球科技创新中心四个层级。也存在层级内部的跃迁，例如新加坡首先定位于面向东南亚的国际科技创新中心。驱动这种层级间及层级内部跃迁的动力，来源于创新城市汇聚众多高质量创新资源和要素（人才、资本、技术和信息等）而形成的巨大创新能量"场源"①，以各种创新要素的流入和流出完成不同节点间的能量交换，做到服务空间范围的规模扩大，科技创新引领发展的质量获得提升，兼具与其他城市、区域、国家更多特色文化动力的融合，集聚、原创、驱动等创新城市的基本功能得以充分发挥，形成更强有力的辐射功能和主导功能，创新的国际影响力和支配力获得进一步提升，从而实现科技创新中心层级的跃迁。

**5. 使命特征**

使命性是指随着科技创新中心创新影响力的规模不断扩大、引领性的质

---

① 杜德斌，何舜辉. 全球科技创新中心的内涵、功能与组织结构［J］. 中国科技论坛，2016（2）：10－15.

量不断增强、辐射与主导能级不断提升，其所承载的功能使命也会随之发生变化。

国际科技创新中心的使命性会受到创新格局等外部环境变化的影响，同时，也与其他四个内在属性特征间存在一定的相互作用关系。国际科技创新中心在不同发展阶段受外部环境影响，会内化出不同的使命。国际科技创新中心的形成绝不是一蹴而就的，而是在城市创新与产业网络不断迭代升级下，随着创新辐射与主导能级的逐步提升，演化出不同内生使命，再驱动科技创新中心向着更高的层级迈进。区域科技创新中心以强化某一核心城市对周边区域科技创新的辐射与带动能力为根本使命，同时瞄准成为国家科技创新中心。国家科技创新中心以实现本国科技自立自强、构筑国家科技安全的防火墙和堡垒，作为其形成与发展的内在动力来源，并且致力于创新辐射与主导力在国家地域空间上的突破。而对于国际科技创新中心而言，则首先需要跳出服务于本国创新发展的局限，以引领国际科技创新发展为基础使命。随着历史的沉淀、自身创新发展脉络的传承、多元文化的不断融入，当国际科技创新中心展现出能够驱动人类科技创新共同发展的持久性、高质量动力特征时，其终极使命将跃迁至承袭人类历史与文明、带动全人类与社会共同发展与助力打造人类命运共同体，最终发展成为全球科技创新中心。

另外，从自身来看，国际科技创新中心的使命特征与其他四个特征之间存在一定的相互作用关系。一方面，使命特征能够从根本上统领其他特征。一个科技创新中心的规模与水平，首先取决于国家赋予其何种使命。以带动区域经济发展为目标的科技创新中心，它的集聚、原创与驱动等基本功能的能级与国际科技创新中心或全球科技创新中心在起步时就会存在较大差异，从而导致在辐射与主导等质量特征上产生质的差距，因此，科技创新中心发展的内生动力与层级跃迁的路径也会有所不同。另一方面，其他四方面特征能够"重塑"使命特征。北京、上海、粤港澳地区凭借自身在原始创新、创新要素集聚、技术研发与成果转化等方面的规模优势，科技创新中心建设发展的质量与水平快速提升，在短短的 5 年间，国家所赋予的使命从建设具有全球影响力的科技创新中心，跃升至推动国际科技创新中心建设，特别是国际格局的深刻变化与调整，加快了三地科技创新中心建设使命的重置。

## （四）国际科技创新中心的三大核心网络

能否成为本区域、国家、国际、全球创新系统中优化配置内外部创新资源的枢纽节点，是科技创新中心外在功能强化与内在特征深化的重要体现。通过构建系统化、更开放的研发网络、产业网络和城市网络，有利于城市实现创新资源与国际对接的双向畅通与高效配置。

### 1. 国际研发网络和产业网络

国际研发网络是创新主体突破国家界限，寻求国际研发资源，开展研发活动国际布局、研发资源优化配置及合作的国际化研发系统。国际产业网络是创新主体基于国际市场诉求，通过国际贸易与投资，开展产业活动国际布局，融通价值链、供应链的国际化产业系统。两大网络的交汇互动形成国际创新网络。

1948 年，美国就认识到，通过自由和开放的科学互动获得国际科学知识，能够促进经济、社会、国防的安全稳定发展，并颁布《美国信息和教育交流法》，成为科技创新国际化的标志性事件。冷战后深入发展的经济全球化进一步加速科技创新国际化的进程。

科技创新是新知识的创造和扩散，包括创新资源组合所形成的研发和研发成果的产业化两大过程。在整个创新过程中，随着创新所必需的知识基础越来越复杂、领域跨度越来越大，创新主体越来越依赖外部创新资源（Granstrand，Patel，Pavitt，1997）①，需要企业、大学、科研院所、政府、用户共同努力来完成创新。在动态创新开放系统下，各创新主体的研发过程逐渐突破组织、地域界限形成研发网络，产业化过程逐渐形成产业网络。

**2. 国际城市网络**

从科技创新视角来看，国际城市网络是城市创新主体构建国际研发网络、产业网络及二者交织互动系统发展构建创新网络的过程中，作为创新网络载体链接不同国家的城市，所形成的创新驱动的国际化城市系统。

城市的发展经历了政治中心、文化中心、贸易中心到经济中心的交错融合发展历程，也孕育了创新组织的萌芽，例如 1662 年成立于伦敦的英国皇家协会、1666 年成立于巴黎的法国科学院。第一次工业革命促进城市工业大规模发展的同时，加速了人口与其他经济要素向城市集聚，也为城市创新要素的集聚和创新功能的培育奠定了坚实基础。而且以城市为代表的创新集群累积优势，随着时间的推移，地理空间集中化的趋势也愈加明显。例如伦敦、纽约、东京等国际大都市为创新型城市转型提供了优良的经济、社会、文化等生态系统；旧金山湾区、波士顿等城市群则依托优良的创新、创业环境，成为全球知名的国际科技创新城市。

**3. 国际科技创新中心城市是三大网络交汇互动的枢纽型节点**

从网络视角来看，国际科技创新中心是城市各类创新主体基于城市创新

---

① Granstrand O, Patel P, Pavitt K. Multi – Technology Corporations: Why They Have "Distributed" Rather Than "Distinctive Core" Competencies [J]. California Management Review, 1997, 39 (4): 8 – 25.

创业环境，以产业发展为先导，聚合创新要素，实现研发成果产业化，在突破组织、城市、区域、国家界限的过程中，逐渐嵌入到各层级研发网络与产业网络中，链接所属城市成为国际城市网络的枢纽型节点之一。

锻造自主、安全、韧性、更开放的三大网络，有利于国际科技创新中心城市成为更重要的国际枢纽型节点，从而塑造外在性更高的集聚、原创、驱动、辐射、主导功能，以及内生性更强的规模、质量、动力、水平与使命性特征，以适应动态发展的国际地缘政治，融入日趋深化的世界科技与全球产业变革。

## （五）更开放的国际三大网络，有助于强化五大功能

国际科技创新中心城市的外在性体现为基本的集聚功能，核心的原创、驱动功能，强力的辐射功能和被动式的主导功能。国际科技创新中心城市构建更加开放的三大国际网络，与城市自身五大功能的强化相辅相成。

### 1. 更开放的国际城市网络有助于创新资源集聚

全球创新资源主要集中分布在各个城市，建设国际科技创新中心城市要集聚全球创新资源，就需要基于国家政治、经济、文化的软实力，加强与国际其他城市的贯通性，强化国际认可度，提升城市的国际化水平。而创新资源集聚功能的增强，有助于构建优良的创新创业生态系统，强化国际城市网络流量和流速，增强网络韧性。更开放的城市网络与创新资源集聚功能间的正向良性互动，有助于加速国际科技创新中心城市的形成。

### 2. 更开放的国际研发网络有助于原创性知识的创造

研究表明，不管是企业层面，还是城市或国家层面，"路径依赖"更容易带来"技术锁定"，不利于创新的形成。国际科技创新中心城市建设更为

开放的研发网络，以增加研发活动的国际多样性，多维度、多领域、多渠道、多模式应用国际研发资源，可促进新思想的迸发、新知识的发现、新技术的研发。而增强原创功能，构建厚重的新思想、新知识、新技术的原创平台和系统，有利于城市国际研发资源集聚力与国际研发网络扩张开放力的提升，从而增强城市研发网络的国际粘性。更开放的国际研发网络与原创功能增强之间的正向良性互动，有助于国际科技创新中心城市加快成为世界科技变革的引领者。

**3. 更开放的国际产业网络有助于技术驱动的价值实现**

熊彼特的《经济发展理论》首先提出"创新理论"，探索创新如何驱动经济发展，提出创造新的产品、新的生产方法、新的供应源、新的市场和新的组织形式，获取新增经济价值，反映了研发成果的产业化及价值实现过程，这也是国际科技创新中心驱动功能的本质属性。国际科技创新中心城市建设更开放的产业网络，扩大国际贸易规模和国际子公司布局，建立国际市场范围的生产与分销体系，有助于加速专业化分工下科学技术的产业化与商业化应用，进而强化城市发展的创新驱动功能。而增强驱动功能，构建有利于加快科技成果转移转化的优良环境，快速、高效满足国际市场需求，有利于国际市场的开拓力与国际产业网络开放支配力的提升，从而增强城市国际产业网络的自主性。更开放的国际产业网络与驱动功能增强之间的正向良性互动，有助于加快国际科技创新城市成为世界产业深化发展的践行者。

**4. 更系统化的三大网络有助于提升对外辐射和被动主导力**

系统是相互联系的活动结合而成的整体，比网络更具有"结构性"，也就更具持久性特征。在经济、社会、文化、科学发展等方面具有优势的网络节点城市，以创新主体为载体，通过研发、产业和城市网络扩大了本地产业的市场范围，增强了城市产业驱动功能，进而扩大了科技研发网络的感应范围和及时性，城市科技原创功能获得极大提升。城市研发和产业网络之间的正反馈，加速城市的高端化进程和城市可持续生态系统的构建，城市创新生态、产业生态更加完善。

在三大网络结构性交汇互动下，实现系统、开放发展能力的提升，增强了城市科技创新原创、驱动和集聚功能的系统性聚合能力。聚合效应增强知识创造、技术研发的深度与广度，展现出对其他城市、区域、国家，高强的知识技术溢出、人才流动以及科技合作与交流的辐射效应；聚合效应形成的国际产业网络，高度满足全球市场多样化需求，融通进入其他城市、区域、国家的生产与生活之中，展现出潜移默化式的被动主导功能。

评价篇

# 一、评价体系构建

## （一）构建思路

构建国际科技创新中心评价指标体系主要考虑以下五个方面：

**1. 以国际科技创新中心"五力"理论为框架**

结合国际科技创新中心的内涵、特征与功能，以"集聚力、原创力、驱动力、辐射力、主导力"为理论基础构建国际科技创新中心指数，具体设计采用树状评价指标体系。其中，集聚力表现为人、财、机构、环境四方面的创新要素，原创力表现在投入和产出两方面，驱动力表现在能力和成效两方面，辐射力表现为知识、技术和产业三方面，主导力表现为技术主导、产业主导和创新地位三方面。

**2. 以国内外权威指标体系为参考**

充分借鉴硅谷指数、欧洲创新记分牌、全球创新指数等国际知名创新评价指数，以及国家创新指数、中国区域创新能力评价等国内权威创新评价体系的设计思想、指标选取、评价方法等。

**3. 以国家和北京发展战略目标为依据**

指标体系中1/3指标来源于《"十三五"国家科技创新规划》《北京加

强全国科技创新中心建设总体方案》《北京市"十三五"时期加强全国科技创新中心建设规划》等文件中设定的科技发展目标，凸显国际科技创新中心对国家科技创新发展战略的支撑作用。

**4. 以首都特色和国际对标为导向**

在具体指标设置方面，既考虑到北京独有的特色指标，如中关村示范区辐射带动指数、六大高端产业功能区对地区生产总值贡献，又注重采用国际通用指标，超 1/2 指标可进行国际对标，如入选自然指数前 500 强研究机构数量及指数、全社会研发经费支出占地区生产总值比重、基础研究经费占全社会研发经费比重、知识密集型服务业增加值占地区生产总值比重等。

**5. 以数据可靠性、稳定性和连续性为基础**

国际科技创新中心指数测算采用的数据均来自权威资料或机构，包括《中国科技统计年鉴》《北京统计年鉴》等公开资料，科技部火炬中心、中国科学技术信息研究所、北京市统计局等部门，保障测算结果真实可靠。

## （二）评价指标体系

### 1. 选取原则

评价指标体系的评价结果是否客观准确，首先取决于各评价指标所含信息是否准确、全面。因此，选取什么样的指标来描述国际科技创新中心是建立评价体系的核心，也是评价体系是否科学、客观、可行的关键。在选择评价指标时遵循如下原则：

（1）科学性原则。构建指标体系要从客观出发，运用合理的理论作为依据，同时在对定性指标进行赋值和测算时采用科学方法，从而保证评价结果的真实可靠。

（2）系统性原则。各指标之间具备一定的逻辑性，既能从不同侧面反映国际科技创新中心建设的状况，又能较为准确地反映"五力"之间的内在联系，共同构成一个有机统一体。指标体系的构建具有层次性，自上而下、从宏观到微观层层深入，形成一个不可分割的评价体系。

（3）全面均衡原则。指标体系能够覆盖国际科技创新中心的各个方面，全面考虑各要素之间的关系，各级指标要能够对上一级指标进行全面的反映。同时还应注意指标层次、指标数量以及绝对量与相对量指标之间的关联等方面的均衡性。

（4）可操作性原则。选取的评价指标不仅应具有代表性，同时指标数据应易于采集，且信息可靠，也易于时间和空间上的对比和评价。

**2. 构建方法**

通过借鉴国内外创新评价体系所采用的评价指标，并结合对集聚力、原创力、驱动力、辐射力和主导力内涵的研究，国际科技创新中心评价采用树状评价指标体系，运用层次分析法由上而下逐层确定指标，最终形成三级指标体系，包括5项一级指标、16项二级指标、36项三级指标，见表1-1。

表1-1　国际科技创新中心评价指标体系

| 综合指数 | 一级指标 | 二级指标 | 三级指标 |
|---|---|---|---|
| 国际科技创新中心指数 | 集聚力 | 人才集聚 | 每万从业人员中研发人员全时当量 |
| | | | 入选全球高被引科学家数 |
| | | 机构集聚 | 入选自然指数前500强研究机构数量及指数 |
| | | | 国家级高新技术企业数量 |
| | | | 外资研发机构数量 |
| | | 资本集聚 | 全社会研发经费支出占地区生产总值比重 |
| | | | 天使投资、VC/PE投资额 |

续表

| 综合指数 | 一级指标 | 二级指标 | 三级指标 |
|---|---|---|---|
| 国际科技创新中心指数 | 集聚力 | 集聚环境 | 研发经费加计扣除和高企税收减免额 |
| | | | 公民科学素养达标率 |
| | | | 当年新创办科技型企业数 |
| | 原创力 | 原创投入 | 基础研究经费占全社会研发经费比重 |
| | | | 规模以上工业新产品开发经费投入占主营业务收入比重 |
| | | 知识创新 | SCI 收录论文数 |
| | | | 高被引论文数 |
| | | 技术创新 | 万人发明专利拥有量 |
| | | | 工业新产品销售收入占主营业务收入比重 |
| | 驱动力 | 成果转化 | 技术交易增加值占地区生产总值比重 |
| | | | 高校和科研机构 R&D 经费来自企业比重 |
| | | | 科技服务业收入 |
| | | 产业优化 | 高技术产业增加值占地区生产总值比重 |
| | | | 知识密集型服务业增加值占地区生产总值比重 |
| | | | 六大高端产业功能区对地区生产总值贡献 |
| | | 社会发展 | 劳动生产率 |
| | | | PM2.5 年平均浓度 |
| | | | 单位能耗地区生产总值 |
| | 辐射力 | 知识溢出 | 异省和异国合作科技论文数 |
| | | | 国际科技论文被引频次 |
| | | 技术流动 | 输出到京外技术合同成交额占比 |
| | | | 转让/许可使用专利数量 |
| | | 产业带动 | 企业在全国设立分支机构数 |
| | | | 中关村示范区辐射带动指数 |
| | 主导力 | 技术主导 | PCT 申请量 |
| | | | 技术国际收入总额 |
| | | 产业主导 | 世界 500 强企业数量 |
| | | | 高技术产品出口额 |
| | | 创新地位 | 全球创新城市排名 |

5 项一级指标全面反映国际科技创新中心的核心功能；16 项二级指标，从投入—产出—绩效全链条多角度支撑国际科技创新中心五大核心能力；36 项三级指标，以具体可操作的统计指标真实反映二级指标。

集聚力把科技创新资源，尤其是"人、财、物"等方面的全球高端创新资源，有机集合到一起，是国际科技创新中心的基础，表现为以下四个方面——人才集聚、机构集聚、资本集聚和集聚环境。

原创力是一个地区科学技术原始性创新的总体能力，既包括对原始创新的投入能力又包括原始创新的产出能力，因此从投入和产出两个维度设置相关指标。

驱动力是指科技成果转化为现实生产力的能力，包含两个方面的内涵：一是实现科技成果转化的能力，二是科技成果转化促进经济社会发展进步的能力。据此，驱动力下设成果转化、产业优化和社会发展三项二级指标。

辐射力是指区域科技创新对周边或者外部地区的发展带动力和综合影响力，主要表现在知识、技术和产业三个方面。

主导力是国际科技创新中心的终极表现，只有充分发挥国际科技创新中心的主导力，才能具有统筹协调创新资源、引领创新方向的效能。在指标体系中，表现在技术主导、产业主导和创新地位三个方面。

## （三）评价方法

### 1. 综合评价方法

多指标综合评价方法，就是把描述评价对象不同方面的多个指标的信息综合起来，并得到一个综合指标，由此对评价对象做一个整体上的评判，并进行横向比较或纵向比较。其基本思想是：要反映评价对象的全貌，就必须把多个单项指标组织起来，形成一个包含各个侧面的综合指标。从数学角度看，就是当选定 $m$ 项评价指标 $x_1$，$x_2$，$x_3$，$\cdots$，$x_m$ 时，对 $n$ 个评价对象的运行状况进行分类或排序的问题。

国际科技创新中心评价采用线性综合评价模型：

$$y_i = \sum_{j=0}^{m} w_j x_{ij}$$

式中，$x_{ij}$ 为第 $i$ 个评价对象的第 $j$ 项指标值，$w_j$ 为评价指标 $x_j$ 的权重系数（$w_j \geqslant 0$，$\sum w_j = 1$），$y_i$ 为第 $i$（$i=1$，$2$，$\cdots$，$n$）个被评价对象的综合评价值。

**2. 指标权重设置**

通过对国内外权威创新评价体系的研究，发现欧洲创新记分牌、全球创新指数、国家创新指数都采用等权重法对指标进行赋权。借鉴国际权威评价体系权重设置方法，并考虑到集聚力、原创力、驱动力、辐射力和主导力对国际科技创新中心建设的作用是均等的，任何一项的缺失或弱化都会导致"木桶效应"，因此指标赋权时采用等权重法。

**3. 指标无量纲化**

在多指标评价体系中，由于各评价指标的性质不同，通常具有不同的量纲和数量级。当各指标间的水平相差很大时，如果直接用原始指标值进行分析，就会突出数值较高的指标在综合分析中的作用，也会相对削弱数值水平较低指标的作用。因此，为了保证结果的可靠性，需要对原始指标数据进行标准化处理。国际科技创新中心建设是循序渐进的过程，因此在实证评价中，指数测算与评价采用定基比率法进行基础指标无量纲化处理。

标准化公式为：

$$x' = \frac{x}{X_0}$$

式中，$X_0$ 为给定基准数。

## （四）数据来源

国际科技创新中心指数测算与评价所采用的基础指标都是统计指标，数据主要来源于各类年鉴及报告，如《中国统计年鉴》《中国科技统计年鉴》《中国火炬统计年鉴》《中国科技论文统计与分析》《中国区域创新能力评价报告》《国家知识产权局年度报告》等。

# ■ 二、总体评价

经过几年的建设和发展，国际科技创新中心的五大功能不断得到释放。从国际科技创新中心功能评价结果看，综合指数持续增长，集聚功能、原创功能、驱动功能、辐射功能和主导功能 5 项一级指数也表现出不同的增长态势，且五大功能进一步强化。

## （一）国际科技创新中心功能综合指数增势稳定

2013～2017 年，国际科技创新中心功能综合指数增长态势明显且稳定，从 100.0 增长至 141.8，累计增幅达 41.8。2015 年和 2016 年，在综合指数增长的同时，增幅也明显提升，并呈现出相对较快的发展趋势。

从自身发展看，国际科技创新中心功能的提升突出表现在创新资源集聚效果显现、知识创新产出和影响不断增强、企业对外辐射带动作用持续释放等方面，但在科技创新驱动自身经济社会发展、技术创新成果流动、主导全球科技创新能力等方面还存在较大的提升空间，也是未来发掘潜力的重点方向。

从全国范围看，重点省市纷纷加入人才大战，在吸引高端研发机构、高科技企业等方面也是政策频出。近几年来，长三角和珠三角研发人员增速明显高于北京，高新技术企业规模增势迅猛，广东 PCT 专利申请量超过北京 5 倍，北京科研方面在全国的贡献也开始被其他城市稀释，国际科技创新中心建设面临着国内竞争加剧的挑战。

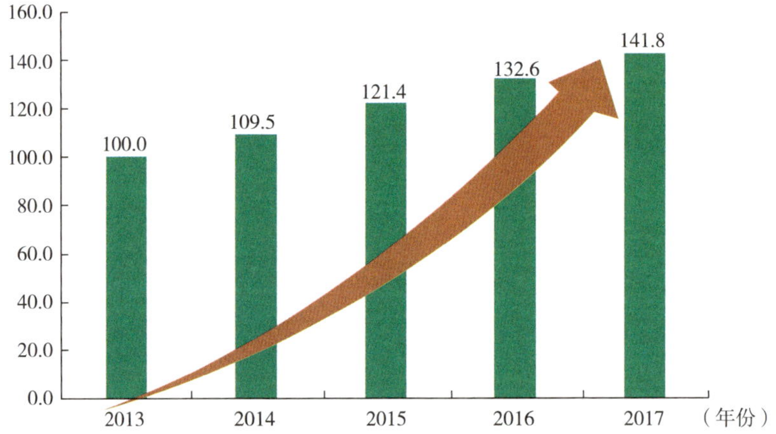

图 2-1　2013~2017 年国际科技创新中心功能综合指数发展情况

## （二）一级指数呈现"一二二"格局

国际科技创新中心功能评价指标体系中 5 项一级指数均呈上升态势，呈现"一二二"格局，即：一项功能（集聚功能）显著增强，两项功能（辐射和原创功能）平稳提升，两项功能（驱动和主导功能）发展缓慢。2017年，集聚功能指数得分远高于综合指数，辐射功能指数和原创功能指数略高于综合指数，驱动功能指数和主导功能指数低于综合指数。

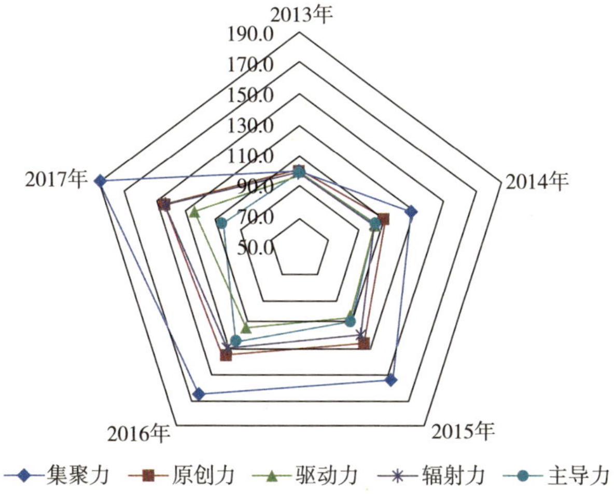

图2-2 2013~2017年国际科技创新中心功能评价一级指数发展情况

表2-1 2013~2017年国际科技创新中心功能综合指数和一级指数发展情况

| 年份 | 2013 | 2014 | 2015 | 2016 | 2017 |
|---|---|---|---|---|---|
| 集聚功能指数 | 100.0 | 127.2 | 153.5 | 164.9 | 188.0 |
| 原创功能指数 | 100.0 | 110.3 | 122.8 | 133.4 | 144.3 |
| 驱动功能指数 | 100.0 | 102.1 | 105.4 | 113.0 | 123.6 |
| 辐射功能指数 | 100.0 | 102.1 | 118.9 | 129.2 | 147.6 |
| 主导功能指数 | 100.0 | 105.5 | 106.3 | 122.6 | 105.6 |
| 综合指数 | 100.0 | 109.5 | 121.4 | 132.6 | 141.8 |

**1. 集聚功能显著增强**

集聚功能指数增幅在五项一级指数中排名第一，累计增长 88.0，2017 年高出综合指数 46.2。资本集聚指数的快速增长是集聚功能指数大幅提升的首要拉动因素，其次是集聚环境指数，人才集聚指数和机构集聚指数的贡献作用相对较小。

国际科技创新中心集聚功能的大幅提升突出表现在高端人才和企业的快速发展、创新创业的持续活跃、知识产权环境的不断优化等方面，值得注意的是全社会研发经费投入强度持续下滑，数据分析显示，来自中央的政府资金增长缓慢是重要的影响因素。

**2. 辐射和原创功能平稳提升**

辐射功能指数和原创功能指数增幅在五项一级指数中分列第二位和第三位，分别增长 47.6 和 44.3，2017 年分别高出综合指数 5.8 和 2.5。

在辐射功能指数的增长中，产业带动和知识溢出都起到了较强的拉动作用，技术流动则起反向拉动作用。辐射功能的强化重点体现在国际科技论文的影响不断扩大、企业对外辐射带动作用持续增强等方面，而技术成果的流动保持了相对稳定的状态。

在原创功能指数的增长中，知识创新是拉动指数增长的首要因素，其次是技术创新，原创投入的贡献相对较小。原创功能的提升突出表现在以论文、专利为代表的知识创新和技术创新产出上，而产品创新在投入和产出上都存在较大的发展空间。

从辐射功能和原创功能两项指数的增长贡献可见，北京基础研究整体实力在不断增强，知识的产出和影响是北京科技创新发展的重要基础，也是北京最具发展优势的方面，在强化国际科技创新中心功能中起到了积极的拉动作用。

### 3. 驱动和主导功能发展缓慢

驱动功能指数和主导功能指数增幅在五项一级指数中分列第四位和第五位，分别增长 23.6 和 5.6，2017 年分别低于综合指数 18.2 和 36.2。

在驱动功能指数的增长中，社会发展是首要拉动因素，其次是成果转化，产业优化的作用相对较弱。驱动功能的提升重点表现在科技促进社会发展效果持续显现、知识和技术的服务能力不断增强等方面，在产学研合作、科技促进产业结构优化提升等方面还需进一步加强。

在主导功能指数的增长中，技术主导是关键拉动因素，产业主导则起反向拉动作用。国际科技创新中心主导功能还存在很大的提升空间，主要在于企业国际竞争力的提升，应在科技创新、知识产权管理等方面加强引导，有力推动企业开展知识产权全球布局，加快形成国际竞争力。随着全球贸易战争的持续，主导功能指数增长面临着更大的挑战，政府部门和企业应紧密携手，共同应对国际形势的冲击。

## （三）二级指数超半数高于综合指数

国际科技创新中心功能评价指标体系共包括 15 项二级指数，从二级指数增长情况看，8 项指数增幅超过综合指数，5 项指数增幅低于综合指数（不包括负增长的指数，下同），2 项指数呈现负增长，见表 2 - 2。

### 1. 8 项指数增幅超过综合指数

增幅超过综合指数的 8 项二级指数分别为资本集聚、集聚环境、产业带动、人才集聚、知识溢出、知识创新、技术创新、机构集聚。其中资本集聚指数以 147.2 的增幅居首位，主要受天使、VC、PE 投资的拉动；集聚环境、

表 2 – 2　二级指数增长情况

| 序号 | 类别 | 二级指数名称 | 增幅 |
|---|---|---|---|
| 1 | 增幅超过综合指数 | 资本集聚 | 147.2 |
| 2 | | 集聚环境 | 80.7 |
| 3 | | 产业带动 | 76.3 |
| 4 | | 人才集聚 | 70.5 |
| 5 | | 知识溢出 | 68.3 |
| 6 | | 知识创新 | 61.7 |
| 7 | | 技术创新 | 54.6 |
| 8 | | 机构集聚 | 53.9 |
| 9 | 增幅低于综合指数 | 社会发展 | 41.8 |
| 10 | | 技术主导 | 25.0 |
| 11 | | 成果转化 | 19.8 |
| 12 | | 原创投入 | 16.6 |
| 13 | | 产业优化 | 9.3 |
| 14 | 负增长 | 技术流动 | −1.9 |
| 15 | | 产业主导 | −13.9 |

产业带动和人才集聚 3 项二级指数的增幅在 70~80；知识溢出、知识创新、技术创新、机构集聚 4 项二级指数的增幅在 50~70。

**2. 5 项指数增幅低于综合指数**

增幅低于综合指数的 5 项二级指数分别为社会发展、技术主导、成果转化、原创投入、产业优化。其中社会发展、技术主导两项二级指数的增幅在 20~50；成果转化、原创投入、产业优化 3 项二级指数的增幅在 0~20。

**3. 2 项指数呈现负增长**

增幅为负值的两项二级指数分别为技术流动和产业主导，二者累计降幅分别为 1.9 和 13.9，2017 年指数值分别为 98.1 和 86.1，其中产业主导指数明显下降的主要影响因素是高技术产品出口额的持续快速下滑。

## （四）三级指标呈"高中低负"分类增长

国际科技创新中心功能评价指标体系共包含 36 项三级指标，按照增长情况划分为以下四类：高速增长（增速在 20% 以上）、中速增长（增速在 10%～20%）、低速增长（增速在 0～10%）和负增长（增速为负值）。

### 1. 6 项指标实现高速增长

年均增速在 20% 以上的三级指标共 6 项，其中天使、VC、PE 投资项数及金额以 41.2% 的增速排名首位，该指标是由投资项数和金额加权合成指标组成，2013～2017 年，投资项数和投资金额年均增速分别为 38.8% 和 43.5%，二者共同拉动三级指标实现持续大幅增长。其次是入选全球高被引科学家数以 33.7% 的增速排名第二位，体现高端人才的快速集聚。当年新创办科技型企业数等 4 项指标增速均在 25% 以下。

表 2-3　高速增长的 6 项三级指标

| 序号 | 三级指标名称 | 年均增速（%） |
| --- | --- | --- |
| 1 | 天使、VC、PE 投资项数及金额 | 41.2 |
| 2 | 入选全球高被引科学家数 | 33.7 |
| 3 | 当年新创办科技型企业数 | 24.0 |
| 4 | 国际科技论文被引频次 | 23.1 |
| 5 | 万人发明专利拥有量 | 23.0 |
| 6 | 国家级高新技术企业数量 | 22.0 |

### 2. 9 项指标实现中速增长

年均增速在 10%～20% 的三级指标共 9 项，其中知识产权审结一审案件量、企业当年在全国设立分支机构数的年均增速在 15% 以上，二者是带动集聚环境指数增长的主导因素。其他 7 项指标的年均增速均在 15% 以下。

表 2-4  中速增长的 9 项三级指标

| 序号 | 三级指标名称 | 年均增速（%） |
| --- | --- | --- |
| 1 | 知识产权审结一审案件量 | 19.1 |
| 2 | 企业当年在全国设立分支机构数 | 16.1 |
| 3 | 中关村开放协同指数 | 14.3 |
| 4 | PCT 申请量 | 14.2 |
| 5 | SCI 收录论文数 | 13.3 |
| 6 | 高被引论文数 | 12.2 |
| 7 | 科技服务业收入 | 11.5 |
| 8 | PM2.5 年平均浓度 | 11.3 |
| 9 | 单位能耗地区生产总值 | 10.0 |

**3. 17 项指标呈现低速增长**

年均增速在 0~10% 的三级指标共 17 项，其中中关村示范区技术性收入占比、基础研究经费占全社会研发经费比重、全社会劳动生产率 3 项指标增速在 5% 以上，入选自然指数前 500 强研究机构数量及排名等 10 项指标的增速在 1%~5%，其他 4 项指标增速在 1% 以下。

表 2-5  低速增长的 17 项三级指标

| 序号 | 三级指标名称 | 年均增速（%） |
| --- | --- | --- |
| 1 | 中关村示范区技术性收入占比 | 7.6 |
| 2 | 基础研究经费占全社会研发经费比重 | 6.1 |
| 3 | 全社会劳动生产率 | 5.9 |
| 4 | 入选自然指数前 500 强研究机构数量及排名 | 4.8 |
| 5 | 外资研发机构数量 | 4.7 |
| 6 | 世界 500 强企业全球总部数量 | 3.9 |
| 7 | 知识密集型服务业增加值占地区生产总值比重 | 3.6 |
| 8 | 异省和异国合作科技论文数 | 2.2 |
| 9 | 六大高端产业功能区对地区生产总值贡献 | 1.9 |

续表

| 序号 | 三级指标名称 | 年均增速（%） |
|------|------------|--------------|
| 10 | 规模以上工业新产品开发经费投入占主营业务收入比重 | 1.6 |
| 11 | 高技术产业增加值占地区生产总值比重 | 1.2 |
| 12 | 企业研发费用加计扣除所得税减免额 | 1.1 |
| 13 | 转让/许可使用专利数量 | 1.0 |
| 14 | 产学研合作紧密程度 | 0.9 |
| 15 | 每万从业人员中研发人员全时当量 | 0.5 |
| 16 | 技术交易增加值占地区生产总值比重 | 0.3 |
| 17 | 工业新产品销售收入占主营业务收入比重 | 0.3 |

### 4.4 项指标负增长

年均增速为负值的三级指标共 4 项，其中高技术产品出口额降幅最大，年均下降 13.6%，2017 年仅为 2013 年的 55.6%，该指标是造成产业主导指数下降的主要因素。其他 3 项指标的年均降幅均在 10% 以内。

表 2-6　负增长的 4 项三级指标

| 序号 | 三级指标名称 | 年均增速（%） |
|------|------------|--------------|
| 1 | 全社会研发经费支出占地区生产总值比重 | -0.8 |
| 2 | 输出到京外技术合同成交额占比 | -2.0 |
| 3 | 技术国际收入总额 | -5.4 |
| 4 | 高技术产品出口额 | -13.6 |

国际科技创新中心建设深入推进不断取得进步的同时，也面临着一些问题，例如，在中美贸易战背景下技术的输出与引进面临制约，在减量发展的大思路下制造业面临着发展困境，在京津冀产业断崖的情况下如何引领区域协同发展等，因此，进一步推进国际科技创新中心建设，支撑我国创新型国家和科技强国建设，依然是北京的重要使命。

# 三、集聚功能评价

集聚功能把创新资源，包括人才、资本、机构等有机集合到一起，在良好的创新生态环境中，实现全球高端创新资源"聚集、聚合、聚变"，是建设国际科技创新中心的基础。北京具有创新资源先天禀赋优势，是全国创新人才、高等院校、科研机构、创新资本最为密集的区域。近年来，北京不断出台政策吸引国际高端创新要素，逐步形成金字塔式的创新资源结构。

## （一）总体情况

2013～2017 年，集聚功能指数从 100.0 上升至 188.0，累计提升 88.0，其中 2017 年在人才集聚指数快速提升的拉动下实现大幅跃升，增长 23.1。

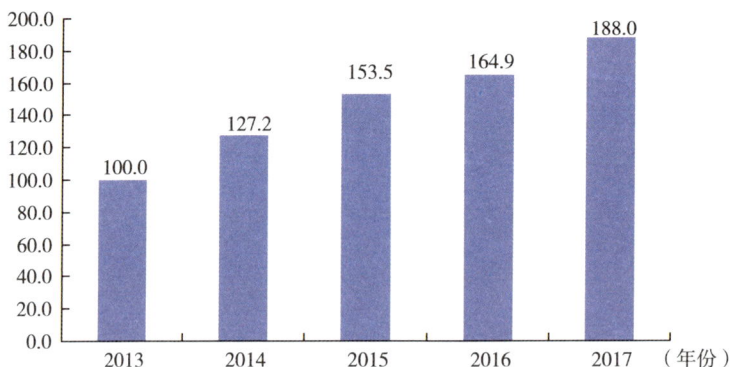

图 3－1　2013～2017 年集聚功能指数发展变化情况

从 4 项二级指数看，资本集聚指数快速增长，累计提升 147.2；集聚环境指数增幅排名第二，累计增长 80.7；人才集聚指数 2017 年实现跃升，累计增长 70.5，其中 2017 年增长 63.0；机构集聚指数增长最为平稳，累计增长 53.9。

图 3-2　2013～2017 年集聚功能二级指数发展情况

## （二）人才集聚

人才是创新活动的根本，是一个国家或地区的竞争之本、转型之要、动力之源。北京不断出台并深入实施人才政策，吸引各类人才在京聚集，人才发展事业已经站在了一个全新的历史高点。2013～2017 年，北京人才集聚指数从 100 增长至 170.5。

### 1. 研发人员强度全国领先

2013～2017 年，每万从业人员中研发人员全时当量从 212.0 人年增长至 216.0 人年，年均增长 0.5%。从发展趋势看，呈现先降后升趋势，2017 年达到峰值 216.0 人年，较 2016 年提升 4.0%。北京这一指标始终在全国处于领先地位。

图 3 – 3　2013～2017 年北京地区每万从业人员中研发人员全时当量

资料来源：《中国科技统计年鉴》。

在全国范围内，2017 年北京 R&D 人员规模排名第五位，占全国比重为 6.7%，少于广东、江苏、浙江和山东。从年均增长（与 2012 年相比）情况看，北京年均增速为 2.8%，同期上海、广东、江苏、浙江年均增速分别为 3.6%、2.8%、6.9% 和 7.4%。

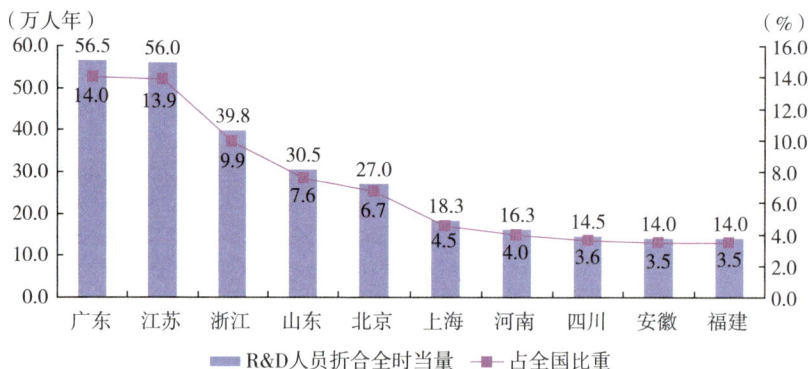

图 3 – 4　2017 年 R&D 人员规模排名前十位的省市

资料来源：《中国科技统计年鉴》。

值得注意的是，从 R&D 人员发展趋势看，北京研发人员总量已达到一定水平，后续增长较为乏力。2001 年以来，R&D 人员增长速度持续放缓，"十五""十一五""十二五"年均增长率分别为 18.0%、4.0%、3.2%，2017 年同比增长 6.7%。

**2. 全球高被引科学家大幅增长**

科睿唯安公司从 2014 年开始发布全球高被引科学家名单。2014～2017 年，北京地区入选全球高被引科学家的人数持续增长，2017 年达到 98 人。从 2018 年度榜单看，中国有 482 位科研人员入选全球高被引科学家，其中，北京地区 98 人入选，占全国的 20.3%。

北京人才战略始终坚持国际视野，以"海聚工程"为抓手，上承国家"千人计划"，下启中关村的"高聚工程"、朝阳区的"凤凰计划"、海淀区的"海英计划"以及经济技术开发区的"新创工程"，引进了一大批国际顶尖人才。2018 年出台了《新时代推动首都高质量发展人才支撑行动计划（2018～2022 年）》、中关村"国际引才用才 20 条"等新政，加速国际人才处事大厅建树，设立"一站式"国际人才处事中心、外国人来华事变容许证治理窗口等，经认定的外国高端人才超过 2200 人。

## （三）机构集聚

创新机构是各类创新要素集聚的载体，是开展创新活动、提升创新能力的重要平台。2013～2017 年，北京地区高校、科研机构、企业以及外资研发机构都表现出稳定发展的趋势，机构集聚指数从 100 增长至 153.9。

**1. 全球顶尖研究机构量质齐升**

自然指数是依托于全球 68 本顶级期刊，统计各高校、科研院所在国际上最具影响力的研究型学术期刊上发表论文数量，最终评选出全球研究机构 500 强，最初于 2012 年开始公布。

2013～2017 年，北京入选自然指数研究机构 500 强的数量从 15 家增长至 19 家，平均排名提升 6 个位次[①]。2017 年，中国共 76 家单位入选，FC 值合计 8128.4。北京入选数量占全国比重为 25.0%，FC 值占比为 41.1%。北京入选的 19 家机构中，中国科学院贡献将近一半，其 FC 值高达 1510.4，连续五年蝉联全球第一。

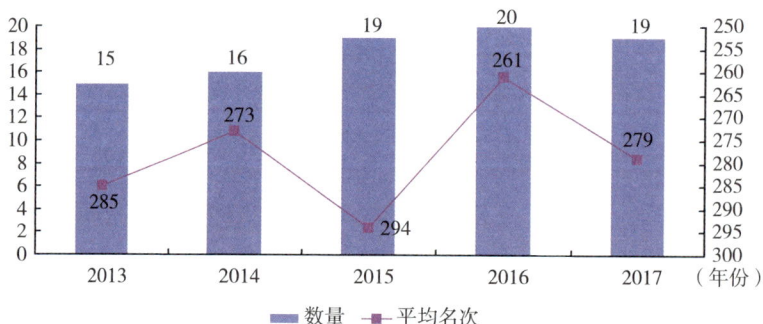

图 3－5　2013～2017 年北京地区入选自然指数 500 强研究机构数量及平均排名

资料来源：nature index 网站。

值得注意的是，2018 年 11 月 1 日英国《自然》杂志刊登了"2018 自然指数——科研城市"[②]，北京保持了全球第一的科研城市排名，但从科研指数对全国的贡献份额来看，北京自 2012 年以来呈下降趋势，南京、武汉

---

[①]　2013～2016 年自然指数研究机构 500 强根据 WFC 算法计算，2017 年根据 FC 算法计算。

[②]　自然指数——科研城市排名通过追踪全球 82 种高水准科研期刊发表论文的作者信息，展示主要城市的高质量科研产出情况。

和广州呈上升趋势。

**2. 高新技术企业加速聚集**

高新技术企业是发展高新技术产业的重要基础，是调整产业结构、提高国家竞争力的生力军，在我国经济发展中占有十分重要的战略地位，也是各级政府重点鼓励和支持发展的对象。2013～2017年，北京地区高新技术企业数量持续高速增长，年均增速达22.0%，高新技术企业数量排名全国第二。

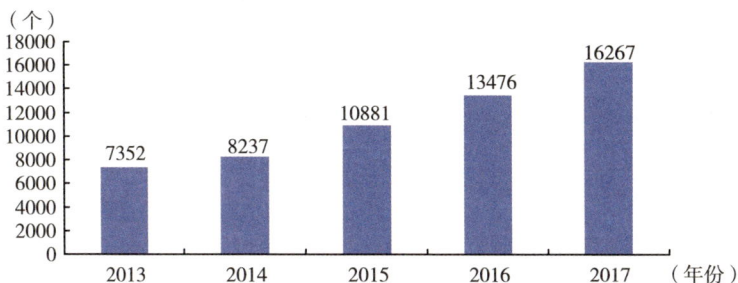

图3-6　2013～2017年北京地区高新技术企业数量变化情况

资料来源：《中国火炬统计年鉴》。

全国各省市都不断出台优惠政策培育和扶持高新技术企业，尤其是长三角区域和珠三角区域，高新技术企业的发展非常迅猛。2017年，广东高新技术企业数量蝉联全国第一，是北京的2倍，广东、北京和江苏三省市高新技术企业数量占全国比重超过10%。

**3. 外资研发机构数量平稳增长**

外资研发机构已经成为研发全球化和国际竞争的重要形式，世界各国对外资研发机构的设立和发展都给予高度重视，采取税收优惠、财政补贴、优化环境等多种措施来促进外资研发机构的进入和发展。为进一步鼓励外资研

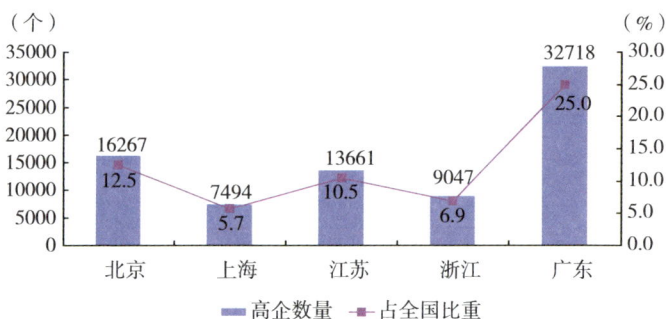

**图 3 - 7  2017 年重点省市高新技术企业数量及占全国比重情况**

资料来源：《中国火炬统计年鉴》。

发机构在京发展，北京市科委出台了一系列的优惠政策，例如外资研发机构在采购国产设备时可享受相关税收优惠，跨国公司总部在京设立的地区总部及其研发机构自建或购买办公用房可享受一次性补助等。

在各类优惠政策的吸引下，北京地区外资研发机构呈现平稳增长态势，2013~2017 年平均增速为 4.7%，已成为北京科技创新的重要力量。

## （四）资本集聚

资本是创新驱动的关键要素，是创新人才和创新机构得以发挥作用的基础。2013~2017 年，北京资本集聚指数大幅提升，2017 年达到 247.2，累计提升 147.2，主要是受天使、VC、PE 投资的拉动。

### 1. 全社会研发经费投入强度保持全国领先

全社会研发经费支出占地区生产总值比重是国际通用反映创新投入的指标，能够较好地评价一个地区科技创新的能力和水平；同时它也是反映结构调整，衡量经济和科技结合、科技经济协作发展的重要指标。

北京地区这一指标在全国始终名列第一，在全球也是名列前茅，2013

年以来始终保持在 5.5% 以上。2013～2017 年，全社会研发经费投入持续增长，2017 年达到 1579.7 亿元，年均增速达 7.5%。

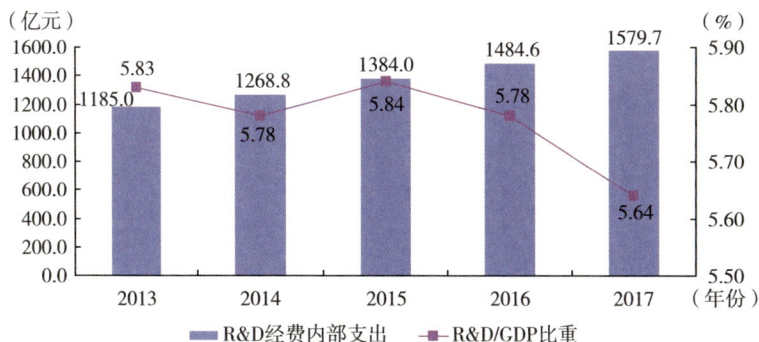

**图 3 - 8　2013～2017 年北京地区全社会 R&D 经费及占地区生产总值比重**

资料来源：《中国科技统计年鉴》。

从 2017 年全国各省份 R&D 经费投入情况看，北京 R&D 经费投入总量排名第四，R&D 经费投入强度则遥遥领先。

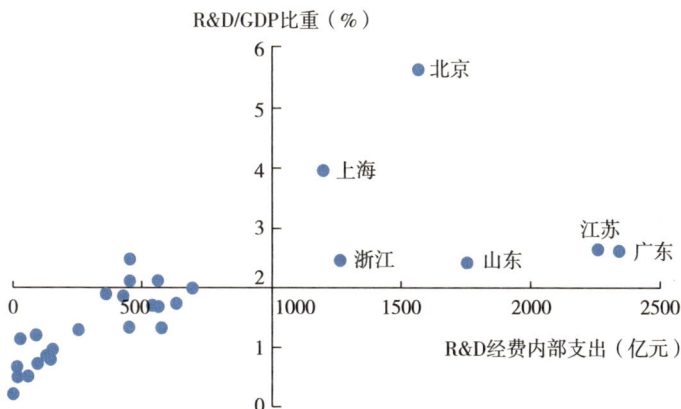

**图 3 - 9　2017 年全国各省份全社会 R&D 经费及投入强度情况**

资料来源：《中国科技统计年鉴》。

值得注意的是，R&D 经费强度近年来整体呈下降趋势，2017 年为 5.64%，较 2013 年下降 0.19 个百分点。从 R&D 经费结构看，政府资金始终是主要来源，占比保持在 50% 以上，但 2013～2017 年政府资金年均增速（4.9%）远低于 R&D 经费增速（7.5%），而在政府资金中地方资金占比在 5%～8%，中央资金占比保持在 92%～95%，地方资金年均增速为 7.4%，基本保持了与 R&D 经费相同的增速，而中央资金年均增速仅为 4.7%，是影响 R&D 经费增长的主要因素。

**2. 天使投资、VC、PE 投资蓬勃发展**

创业投资作为一种高能资本，有效地推动了新技术应用、新产品开发、新市场营造和新产业发展，已成为推进创新创业的重要资本力量。

2013～2017 年，北京地区天使投资、VC、PE 投资项数和金额整体均呈增长态势，其中投资项数在 2015 年实现跃升，之后略有下滑，投资金额则持续增长，2017 年接近 3500 亿元。该指标是拉动资本集聚指数增长的主导动力。

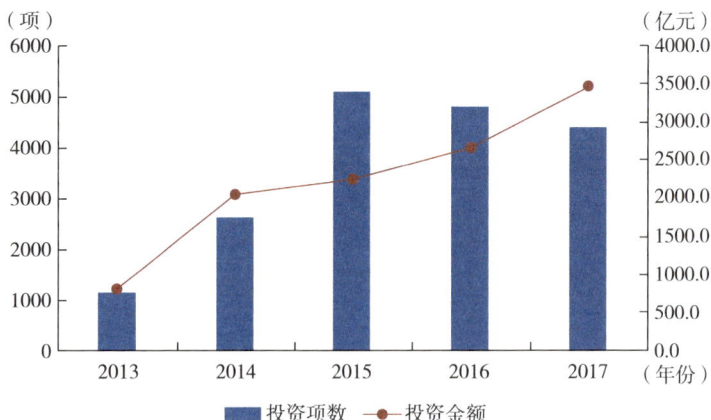

**图 3－10 2013～2017 年北京地区天使投资、VC、PE 投资项数和金额变化情况**

资料来源：北京创新驱动发展监测报告。

## （五）集聚环境

集聚环境是创新主体所处空间范围内各种要素结合形成的关系总和，包括政策体系、体制机制、人文环境等。集聚环境如何，对于能否聚集创新要素、挖掘创新潜能至关重要。

### 1. 政策环境持续优化

企业研发经费加计扣除政策是我国促进企业加大研发投入，提高自主创新能力，加快产业结构调整，促进经济平稳发展的税收优惠政策。

北京地区始终认真贯彻执行国家相关政策法规，通过加强优惠政策宣传、狠抓政策执行落实等多种手段，不断地扩大政策的受惠群体，从2013～2017年的情况看，企业研发费用加计扣除所得税减免额稳定增长，年均增长 1.1% 。

### 2. 知识产权保护力度不断加强

知识产权保护已成为国际经济秩序的战略制高点，并成为各国激烈竞争的焦点之一。面对经济全球化和国际知识产权保护发展的新形势，我国知识产权保护面临着巨大的压力和挑战。近年来，北京不断加强知识产权的保护和运用，完善知识产权公共服务体系，积极引进国际服务机构和法律人才，知识产权保护工作不断取得成效。2013～2017年，知识产权审结一审案件量不断增长，年均增速达 19.1% 。

### 3. 创新创业保持高度活跃

当年新创办科技型企业数是表征创新创业活力的重要指标。近年来，北京多举并发推动"大众创业、万众创新"，创新创业热情高涨，为经济社会发展注入新活力。

2013～2017 年，北京地区当年新创办科技型企业数大幅增长，年均增长 24.0%，2017 年达到 7.6 万家，是 2013 年的 2.4 倍。

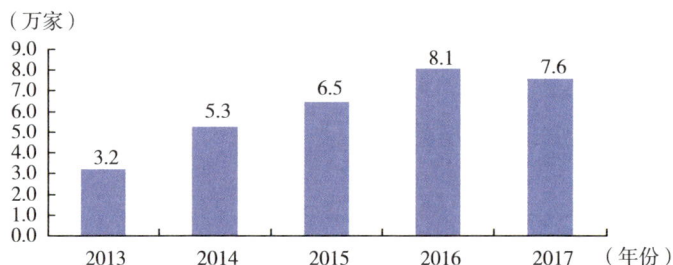

**图 3-11　2013～2017 年北京地区当年新创办科技型企业数情况**

资料来源：北京创新驱动发展监测报告。

## 四、原创功能评价

随着国际科技创新中心和"三城一区"建设工作的深入推进，北京作为原始创新策源地的位势更加巩固。英国《自然》杂志增刊《2018 自然指数——科研城市》发布全球 TOP200 科研城市排名，北京蝉联全球第一。

### （一）总体情况

2013～2017 年，原创功能指数从 100.0 上升至 144.3，累计提升 44.3，同比增幅稳步提高，2014～2017 年同比分别增长了 10.3、12.5、10.6 和 10.9，说明北京建设国际科技创新中心的原创能力得到较大提升。

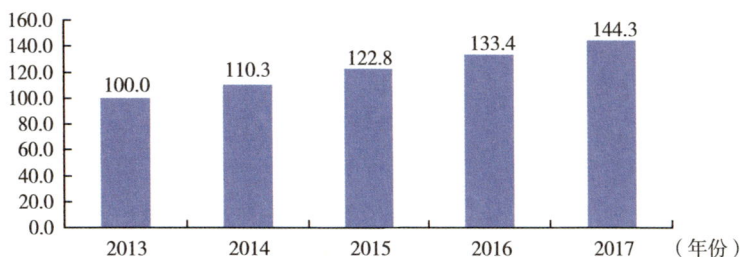

图 4 - 1　2013～2017 年原创功能指数发展变化情况

　　从 3 项二级指数看，知识创新指数发展迅速，累计增长 61.7，其中 2015 年增长较快，增幅达到 15.1；技术创新指数累计增长 54.6，增幅加速提升，特别是 2016 年和 2017 年连续两年增幅超过 15.0；原创投入指数增长相对缓慢，累计增长 16.6，除 2015 年增幅为 8.9 外，均维持在 3 左右。

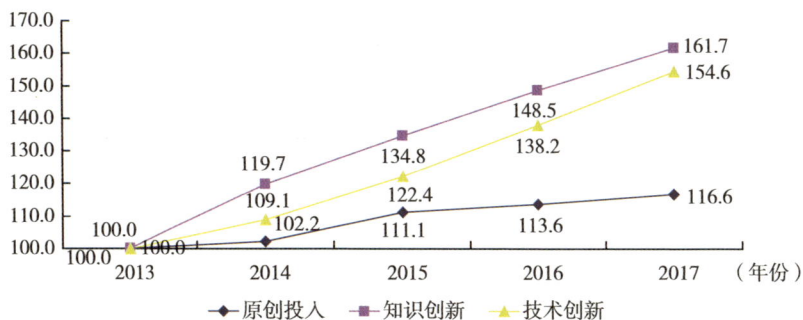

图 4 - 2　2013～2017 年原创功能二级指数发展变化情况

## （二）原创投入

　　原创投入是原始创新能力发展的根基，要实现引领性原创成果重大突破，就要稳定持续提高原创投入。2013~2017 年，北京原创投入指数从 100 增长至 116.6，增速远低于知识创新和技术创新指数。

**1. 基础研究投入强度持续增长**

基础研究经费占全社会研发经费比重是国际通用反映原始创新能力的指标，《北京市"十三五"时期加强全国科技创新中心建设规划》明确指出：到 2020 年，基础研究经费占全社会研发经费比重保持在 13.0% 左右。

2013~2017 年，基础研究经费占全社会研发经费比重从 11.6% 增长至 14.7%，累计提高 3.1 个百分点。从各年变化情况看，2014 年和 2015 年增幅相对较大，等于或高于 1 个百分点。

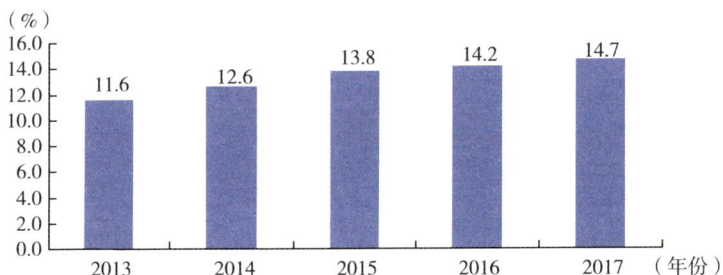

**图 4 - 3　2013~2017 年北京地区基础研究经费占全社会研发经费比重**

资料来源：《中国科技统计年鉴》。

从全国基础研究资源布局来看，北京始终处于战略高地，基础研究经费总量居全国首位①，远高于上海、广东等省份；在重点科技省份中基础研究

———————

①　发达国家情况：自 2001 年以来美国该比重基本保持在 17%~18%；瑞士为 26%~30%；法国为 23%~25%。

经费占比始终排在首位（位于全国前四的西藏、海南、黑龙江、甘肃四省份的 R&D 经费总量在 31 省份中处于偏后位置）。

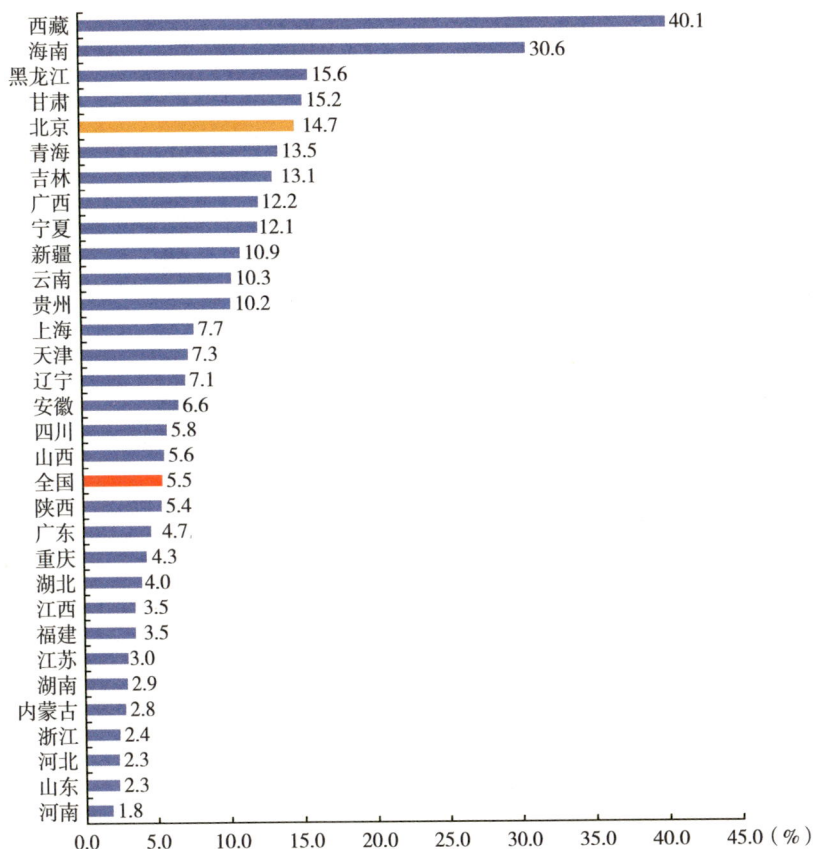

图 4－4　2017 年各省份基础研究经费占 R&D 经费比重

资料来源：《中国科技统计年鉴》。

## 2. 工业新产品开发投入强度增长趋缓

产品创新是企业生存与发展的关键，工业新产品开发经费投入占主营业务收入比重能直接反映企业新产品开发的投入强度。

2013～2017 年，北京地区工业新产品开发经费投入占主营业务收入比重从 1.57% 增长至 1.67%，累计提高 0.1 个百分点，整体增长缓慢。从各年变化情况看，2015 年增幅相对较大，其余年份增长不足 0.1 个百分点，2014 年甚至出现负增长。规模以上工业企业新产品开发经费支出增速放缓。

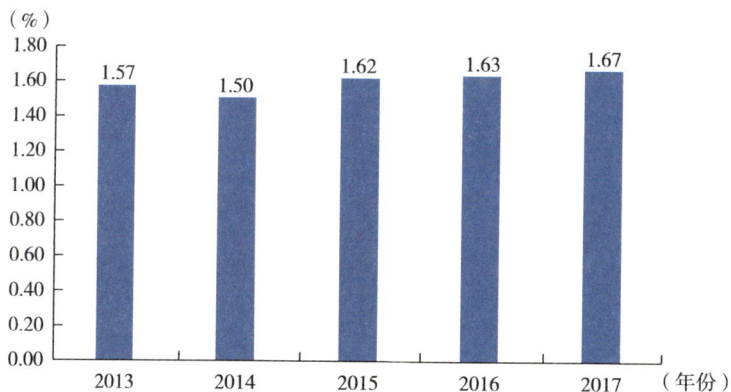

图 4 - 5　2013～2017 年北京地区工业新产品开发经费投入

占主营业务收入比重变化情况

资料来源：《中国科技统计年鉴》。

与全国和重点省市相比，北京工业企业新产品开发经费投入强度处于中等水平，低于广东和上海，与浙江持平。

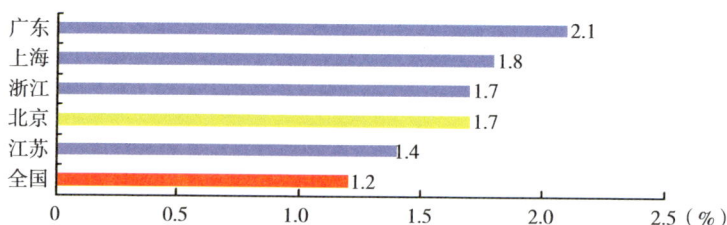

图 4 - 6　2017 年重点省市新产品开发经费投入占主营业务收入比重比较

资料来源：《中国科技统计年鉴》。

## （三）知识创新

知识创新是科技创新的上游环节，科技论文作为知识创新成果，是原始创新水平和能力的重要体现。SCI 收录论文数和高被引论文数作为测度知识创新水平的重要指标，直接反映了原始创新能力。2013～2017 年，北京知识创新指数从 100 增长至 161.7，在三项原创功能二级指数中排在首位。

### 1. SCI 收录论文数居全国首位

2012～2016 年①，SCI 收录第一作者单位为北京的科技论文数从 2.9 万篇增长至 4.9 万篇，稳居全国首位，是排名第二的江苏省 SCI 论文数的 1.6 倍。从各年变化情况看，2012～2016 年的年均增速为 13.3%，其中 2014 年增速最快，达到 21.2%。

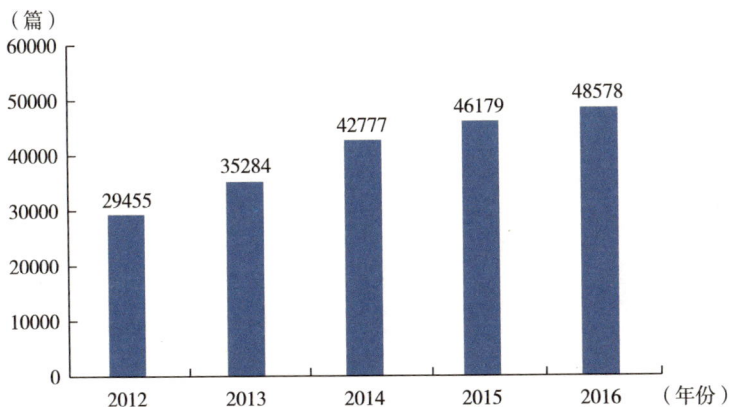

图 4－7　2012～2016 年北京地区被 SCI 收录论文数变化情况

资料来源：中国科技论文统计与分析。

---

① 论文统计数据滞后一年。

## 2. 高被引论文数居全国首位

高被引论文是指根据同一年同一 ESI 学科统计最近 10 ~ 11 年发表论文中被引用次数进入世界前 1% 的论文，即指在同年度同学科领域中被引频次排名位于前 1% 的论文，是汤森路透（Thomson Reuters）公司提出的高影响力研究成果的重要评价指标，目前已被学术界普遍认可。

2013 ~ 2017 年，北京地区发表的高被引论文数从 826 篇增长至 1309 篇，年均增长 12.2%。从历史变化情况看，2014 年同比增速较大，比 2013 年增长 19.6%；2015 年增速放缓，仅比 2014 年增长 4.0%；2016 年以来增速提升至 12.0% 以上。2013 年以来，北京地区发表的高被引论文数占全国比重保持在 30.0% 左右，基本实现《北京市"十三五"时期加强全国科技创新中心建设规划》的目标。

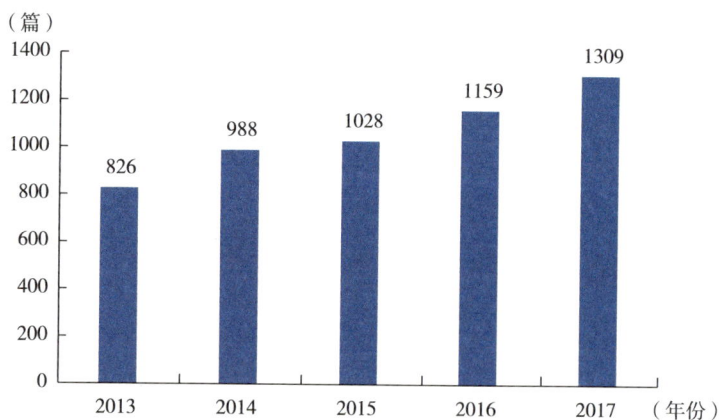

图 4 - 8　2013 ~ 2017 年北京地区发表的高被引论文数变化情况

资料来源：首都科技大数据平台。

## （四）技术创新

技术创新是地区科技创新能力的直接体现，反映了地区科研产出能力和科技整体水平。技术创新在指标上采用万人发明专利拥有量和工业新产品销售收入占主营业务收入比重两项指标来表征。2013～2017年，北京技术创新指数从100.0增长至154.6，在三项原创功能二级指数中排名第二。

**1. 万人发明专利拥有量高速增长**

技术创新指数的快速增长得益于发明专利的快速提升。2013～2017年，北京地区发明专利申请量、授权量表现出强劲的增长势头，年均增速分别达到10.1%和22.2%。《北京市"十三五"时期加强全国科技创新中心建设规划》明确提出到2020年北京原始创新能力显著提高，万人发明专利拥有量达到80件的发展目标。

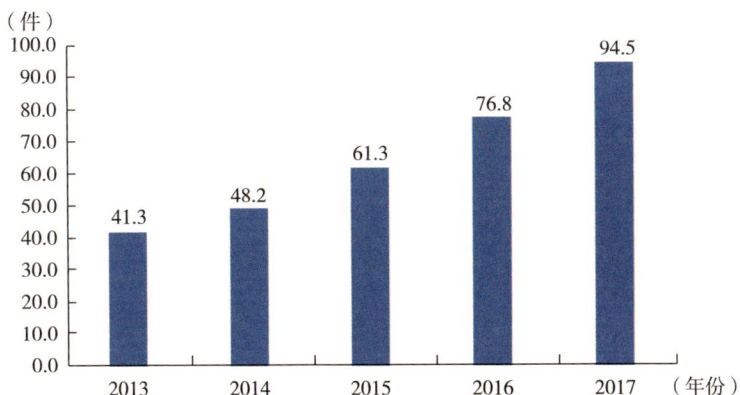

图4-9　2013～2017年北京地区万人发明专利拥有量变化情况

资料来源：《中国科技统计年鉴》。

2017 年，北京地区拥有有效发明专利 20.5 万件，万人发明专利拥有量为 94.5 件，同比增长 23.0% 。同期，全国拥有有效发明专利 141.4 万件，北京占比 14.5% ；全国万人发明专利拥有量为 10.2 件，北京地区是全国平均水平的 9.3 倍。

与其他专利产出大省（市）相比，2014 年以来，北京地区万人发明专利拥有量表现出明显的领先优势。2017 年，北京万人发明专利拥有量为 94.5 件，是上海的 2.3 倍，相对于 2014 年的年均增速是 25.2% ，高于上海 4 个百分点。

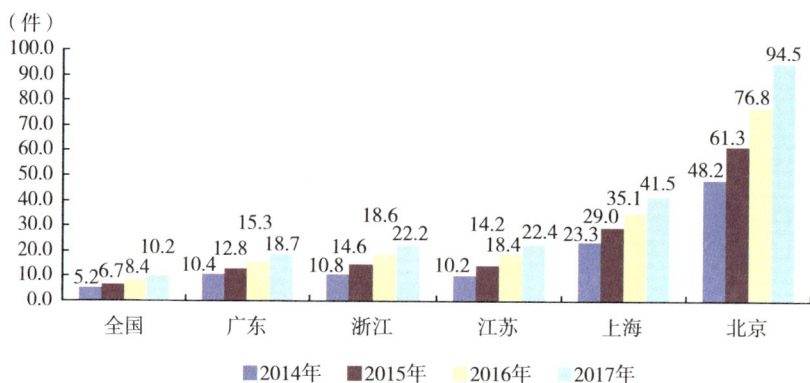

**图 4 – 10   2014～2017 年全国和重点省（市）万人发明专利拥有量变化情况**

资料来源：国家知识产权局官网、《北京统计年鉴》、《广东统计年鉴》、《浙江统计年鉴》、《江苏统计年鉴》和《上海统计年鉴》。

### 2. 中关村示范区技术性收入占比稳定增长

企业技术收入是企业用于技术转让、技术承包、技术咨询与服务、技术入股、中试产品收入以及接受外单位委托的科研收入，从一个侧面反映了企业技术创新的成效。2013～2017 年，中关村示范区技术收入稳定增长，年均增速23.5%；技术收入占总收入比重由 13.2% 增至 17.7%，累计增长 4.5 个百分点。

**图 4 – 11   2013～2017 年中关村示范区技术收入及占总收入比重变化情况**

资料来源：中关村国家自主创新示范区统计年报。

### 3. 工业新产品收入呈波动式发展

工业新产品销售收入占主营业务收入比重是反映工业企业转方式、调结构的重要指标，可以反映工业企业的创新产出程度。

2013～2017 年，北京地区工业新产品销售收入占主营业务收入比重呈现较大波动。从各年变化情况看，2014 年和 2016 年呈上升趋势，均比上年同期增长 1.8 个百分点；2015 年和 2017 年呈下降趋势，分别比上年同期下降 2.6 个百分点和 0.8 个百分点。

2017 年，北京地区工业新产品销售收入占主营业务收入比重为 19.9%，同期上海、江苏、浙江和广东分别为 26.6%、19.2%、32.2% 和 26.0%，说明北京企业对传统竞争优势的依赖程度仍较高，在将技术创新转化为现实生产力方面仍有待加强。

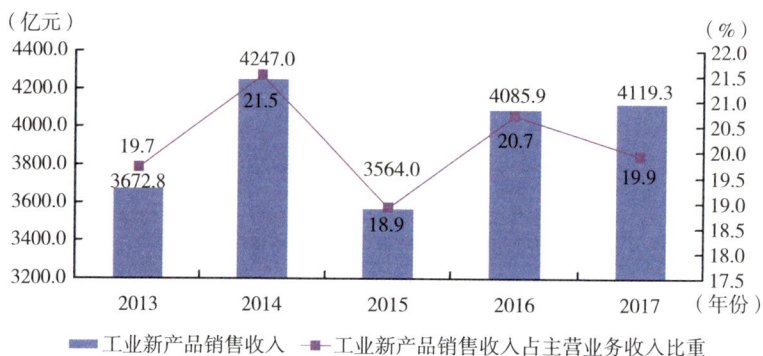

**图 4 – 12    2013 ~ 2017 年北京地区工业新产品销售收入占主营业务收入比重情况**

资料来源:《中国科技统计年鉴》。

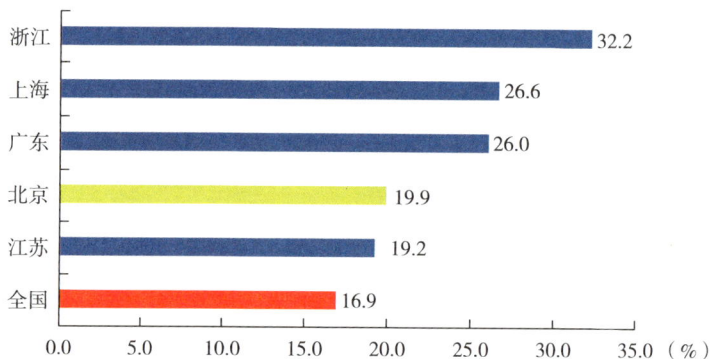

**图 4 – 13    2017 年全国重点省市新产品销售收入占主营业务收入比重比较**

资料来源:《中国科技统计年鉴》。

## 五、驱动功能评价

驱动功能是科技成果转化为现实生产力的能力,是科技创新中心发展的核心动力。2013 年以来，北京科技改革发展取得显著成绩，成果转化机制逐步完善、"高精尖"产业结构更趋优化，国际一流的和谐宜居之都逐渐显现，已成为我国科技改革的排头兵、创新驱动发展的引领者。

## （一）总体情况

国际科技创新中心建设的核心就是要塑造更多依靠创新驱动、更多发挥先发优势的引领型发展。2013～2017 年，驱动功能指数从 100.0 上升至 123.6，累计提升 23.6，在 5 项一级指标中提升相对缓慢，增幅逐年提升，2014 年仅提升了 2.1，2017 年增幅达 10.6。

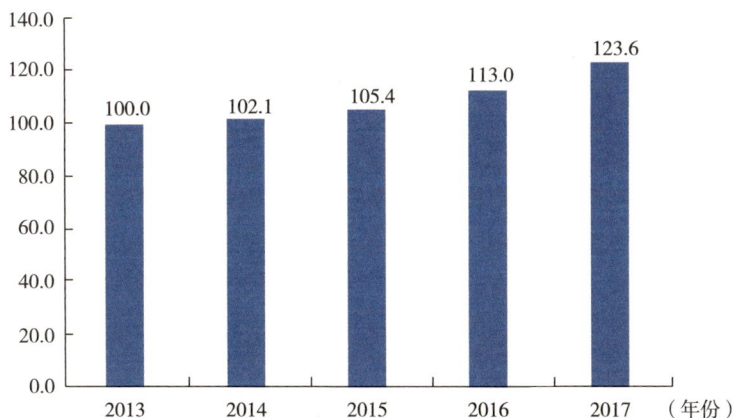

图 5 - 1    2013～2017 年驱动功能指数发展变化情况

从 3 项二级指数看，社会发展指数大幅提升，累计增长 41.8，增幅逐年提升，2014 年仅提升了 5.1，2017 年增幅达 16.4；成果转化指数 2014 年出现负增长，2015 年开始增长且增幅逐年提升，2017 年增幅达到

14.7，5年累计增长19.8；产业优化指数增长缓慢，增幅逐年下降，累计增长9.3。

图 5 – 2　2013～2017 年驱动功能二级指数发展变化情况

## （二）成果转化

促进科技成果转移转化是实施创新驱动发展战略的重要任务之一，是加强科技与经济紧密结合，发挥科技创新在经济转方式、调结构重要作用的关键环节。2013～2017 年，北京成果转化指数从 100 增长至 119.8，在 3 项驱动功能二级指标中排名第二。从具体指标看，产学研合作紧密程度偏低且呈波动变化，是拉低成果转化指数的重要因素，科技服务业收入的持续增长是拉动指数上升的重要动力。

### 1. 技术市场发展相对活跃

北京技术交易市场高度活跃，技术市场对转换发展动力和转变发展方式的支撑作用不断提升，对首都经济社会发展的贡献进一步增强。

2013～2017 年，北京地区技术交易增加值占地区生产总值比重从

9.40%增长至9.51%，累计提高0.11个百分点。从各年变化情况看，2014年增幅相对较大，随后进入稳步增长状态。

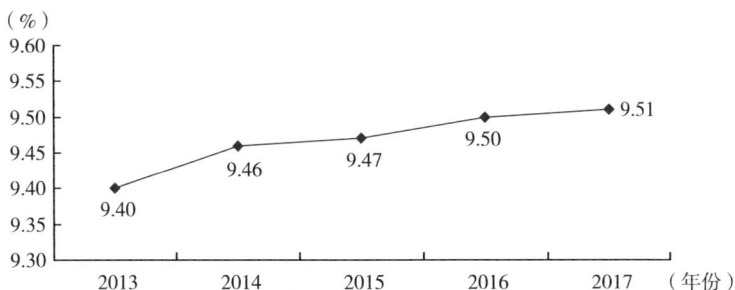

图5-3 2013～2017年北京地区技术交易增加值占地区生产总值比重情况

资料来源：北京技术市场年报。

## 2. 产学研融合发展相对不足

产学研合作紧密程度是复合指数，由高校和科研机构R&D经费来自企业比重、开展产学研合作企业所占比重两项指标加权复合而成，反映产学研合作密切程度。

2013～2017年，北京产学研合作紧密程度从1增长至1.04，累计提高0.04个百分点，整体增长缓慢。从各年变化情况看，2014年出现负增长，降幅达0.09，随后各年缓慢增长，2017年首次超过2013年水平。从两项基础指标来看，高校和科研机构R&D经费来自企业比重的变化情况与复合指数北京产学研合作紧密程度一致，2014年出现负增长，随后各年缓慢增长；开展产学研合作企业所占比重也是2014年出现负增长，2015年增幅最大，达到5.35，2016年增幅下降，2017年与2016年持平。

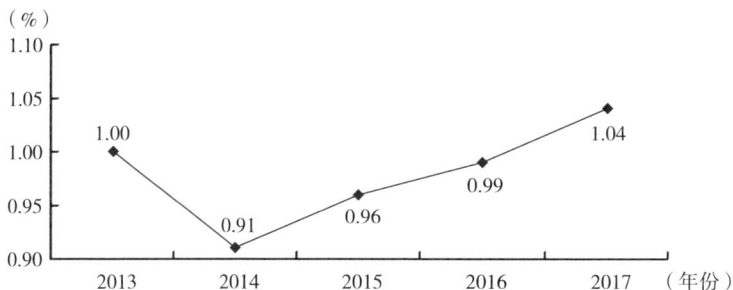

图 5 - 4　2013 ~ 2017 年北京地区产学研合作紧密程度

资料来源:《中国科技统计年鉴》。

值得关注的是，2017 年北京高校和科研机构 R&D 经费来自企业经费比重为 8.7%，同期上海、江苏、浙江和广东分别为 8.8%、15.7%、25.8%和 15.1%，可以从一个侧面反映出北京的产学研合作相对松散。导致这一结果的原因是多方面的，如高校绩效考评重学术轻转化、产学研合作利益机制不完善、成果转化激励机制不健全等。随着国家科技经费投入力度的加大，北京高校尤其是央属高校纵向经费较多，在横向经费方面由于没有激励措施，导致科研人员无意承接横向课题。

**3. 科技服务业规模快速增长**

科技服务业是为科技创新全链条提供市场化服务的新兴产业，也是北京十大"高精尖"产业之一。2013 ~ 2017 年，北京地区科技服务业收入从5511.7 亿元增长至 8512.7 亿元，年均增长 11.5%。从各年变化情况看，2015 年出现负增长，其他年份增速逐年提升，2017 年增速达 34.1%。

（亿元）

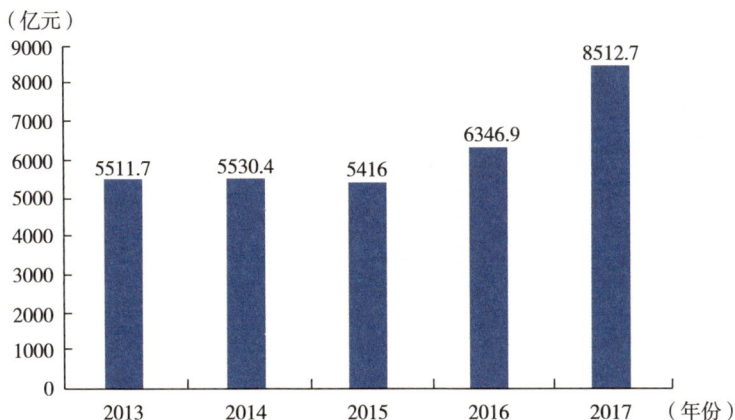

图 5－5　2013～2017 年北京地区科技服务业收入变化情况

资料来源：《北京统计年鉴》。

## （三）产业优化

产业优化是实现高质量发展的关键，也是国际科技创新中心建设的内在要求。2013～2017 年，北京产业优化指数从 100 增长至 109.3，增速低于社会发展和成果转化指数。从具体指标看，高技术产业增加值占地区生产总值比重、知识密集型服务业增加值占地区生产总值比重、六大高端产业功能区对地区生产总值贡献三项指标都小幅稳步提升。

### 1. 高技术产业发展相对平稳

2013～2017 年，北京地区高技术产业增加值占地区生产总值比重从 21.7% 增长至 22.8%，累计提高 1.1 个百分点，整体增长缓慢。从各年变化情况看，2014 年增幅最大，其余年份增长不足 0.4 个百分点，且增幅逐年降低。

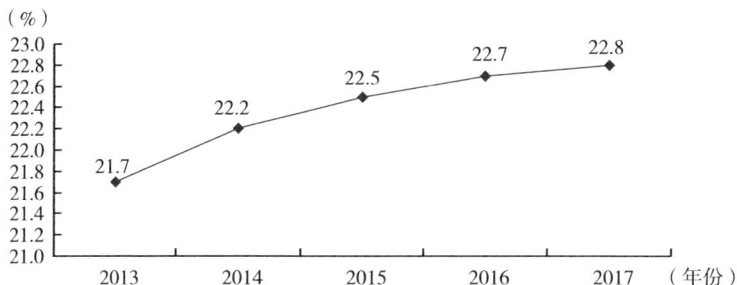

**图 5 – 6　2013 ~ 2017 年北京地区高技术产业增加值占地区生产总值比重情况**

资料来源：《北京统计年鉴》。

**2. 知识密集型服务业发展迅猛**

知识密集型服务业由依赖专业知识并提供专业服务的公司或组织组成，它们通过对知识的收集、加工和传播参与社会经济活动，其主要任务是在创新过程中提供相关的知识服务。由于知识密集型服务业对其他产业的影响力较大、辐射较强，所以在目前我国新常态的经济形势下，知识密集型服务业已成为经济发展不可或缺的力量。

2013 ~ 2017 年，北京地区知识密集型服务业增加值占地区生产总值比重从 39.2% 增长至 45.1%，累计提高 5.9 个百分点，增长较快。从各年变化情况看，2014 年增长最快，较上年提高了 2.7 个百分点。

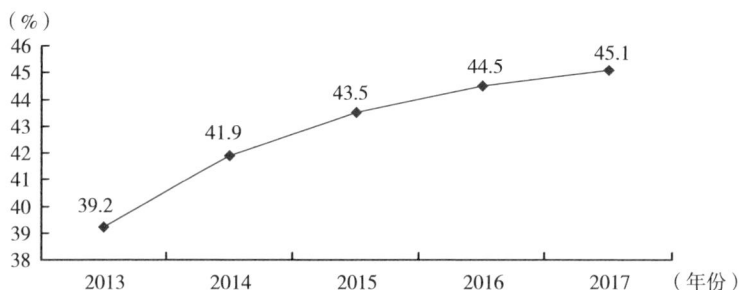

**图 5 – 7　2013 ~ 2017 年北京地区知识密集型服务业增加值**
**占地区生产总值比重变化情况**

资料来源：《北京统计年鉴》。

**3. 六大高端产业功能区带动明显**

随着现代高端产业聚集，北京逐步形成了中关村国家自主创新示范区、金融街、北京商务中心区、北京经济技术开发区、临空经济区和奥林匹克中心区六大高端产业功能区。经过十余年发展，六大高端产业功能区以全市7%的平原面积创造了全市48%的地区生产总值，高端、高效、高辐射特征凸显。

2013~2017年，北京地区六大高端产业功能区增加值占地区生产总值比重从45.0%增长至48.5%，累计提高3.5个百分点。从各年变化情况看，2015年和2016年增幅相对较大，分别增长1.3个百分点和1.1个百分点，随后增速放缓。

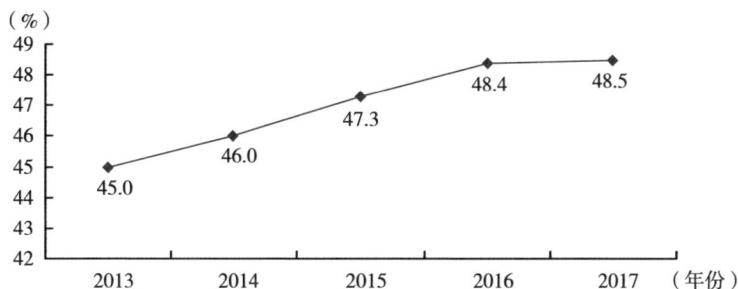

图5-8 2013~2017年北京地区六大高端产业功能区增加值
占地区生产总值比重变化情况

资料来源：《北京统计年鉴》。

## （四）社会发展

国际一流、和谐宜居的社会发展环境是集聚国际一流创新企业、创新要素和创新人才的前提。2013年以来，随着产业结构绿色低碳升级、能源结构清洁低碳转型以及不同功能区差异化降耗等政策措施的推进，北京空气质量整体上持续改善，能源利用效率稳步提高，全员劳动生产率实现平稳快速提升。

2013～2017 年，社会发展指数从 100 增长至 141.8，在三项驱动功能二级指数中排名首位。从具体指标看，劳动生产率、PM2.5 年平均浓度、单位能耗地区生产总值三项指标贡献相当。

**1. 劳动生产率平稳快速提升**

创新是科学和技术进入生产的过程，在这个过程中科学和技术提高要素的使用效率，推动经济实现大幅增长。一个经济体如果具有较强的创新能力，那么一定具有较高的生产率。因此，劳动生产率是判断国际科技创新中心的社会发展程度的重要指标。

2013～2017 年，北京地区劳动生产率从 18.1 万元/人增长至 22.7 万元/人，年均增速 5.9%，整体增长迅速。随着经济结构的不断调整，以及具有更高生产效率的新经济行业的涌现和发展壮大，北京的劳动力配置结构将不断得到优化，进而促进劳动生产率进一步提高。

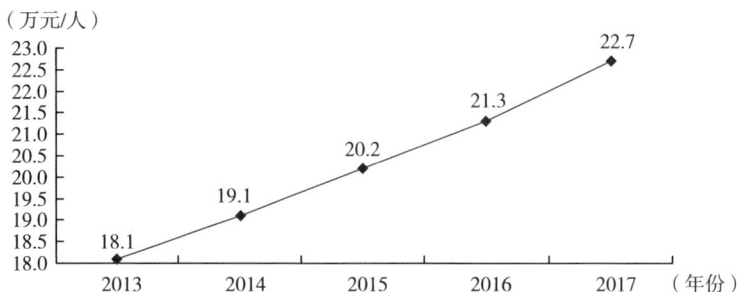

图 5-9　2013～2017 年北京地区全社会劳动生产率变化情况

资料来源：《北京统计年鉴》。

## 2. 空气质量整体上持续改善

PM2.5 年平均浓度是指每立方米空气中空气动力学直径小于或等于 2.5 微米的颗粒物含量的年平均值，用于反映空气质量状况，该指标值越高，污染越严重。中央为北京制定的细颗粒物（PM2.5）阶段性浓度指标红线是到 2017 年达到 60 微克/立方米。

2013～2017 年，北京地区 PM2.5 年平均浓度从 89.5 微克/立方米下降至 58.3 微克/立方米，达到了中央给北京设的目标值，累计降低 34.9%，其治霾效果显著。从各年变化情况看，2017 年治理效果最为明显，同比降低 20.1%。

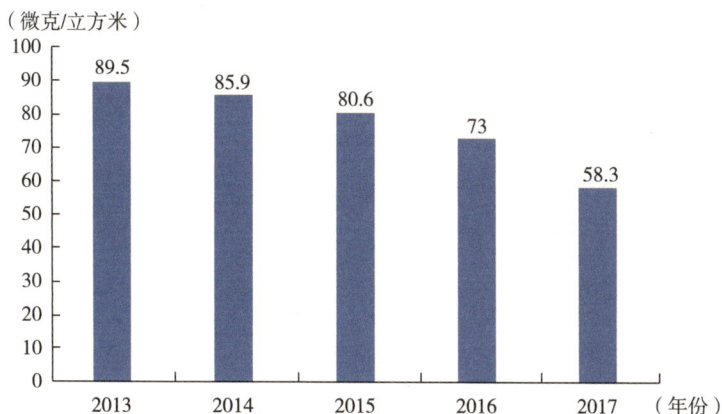

（微克/立方米）

图 5－10　2013～2017 年北京地区 PM2.5 年平均浓度变化情况①

资料来源：国家生态环境部网站。

## 3. 能源利用率逐年稳步提高

单位能耗地区生产总值是衡量一个地区能耗水平的综合指标，指消耗一

---

① 2011 年和 2012 年为可吸入颗粒物浓度。

吨标准煤可产生的地区生产总值，可以反映一个地区节能降耗的工作成效。

2013～2017 年，北京地区单位能耗地区生产总值从 2.63 万元/吨标准煤增长至 3.85 万元/吨标准煤，年均增长 10.0%，整体呈增长态势。从各年变化情况看，2016 年增速最快，同比上升 21.4%，其余年份增速在 8% 以下。

（万元/吨标准煤）

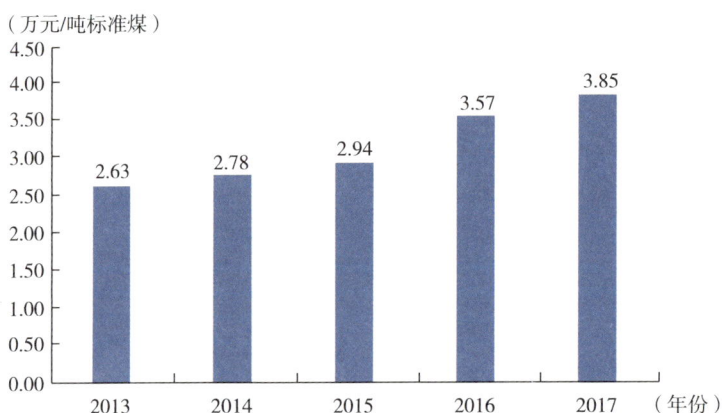

图 5 –11　2013～2017 年北京地区单位能耗地区生产总值变化情况

资料来源：《北京统计年鉴》。

与其他省市相比，2017 年，北京地区单位能耗地区生产总值为 3.9 万元/吨标准煤，同期上海、江苏、浙江和广东分别为 2.6 万元/吨标准煤、2.7 万元/吨标准煤、2.5 万元/吨标准煤和 2.8 万元/吨标准煤，北京能源利用效率高于其他省市。

## 六、辐射功能评价

北京依托"一带一路"倡议和京津冀协同发展、长江经济带等重大国家战略，充分发挥自身优势，搭建跨区域创新合作网络，深入推进京津冀协同创新共同体建设，全力支持雄安新区建设，国际科技创新中心的辐射带动作用不断发挥。

## （一）总体情况

近年来，北京地区以论文和专利为代表的知识和技术的流动、转移不断加速，企业分支机构在全国加速落地，中关村国家自主创新示范区对全国科技创新的引领作用日益增强，国际科技创新中心辐射功能不断提升，2013 ~ 2017 年，辐射功能指数从 100.0 上升至 147.6，累计提升 47.6。

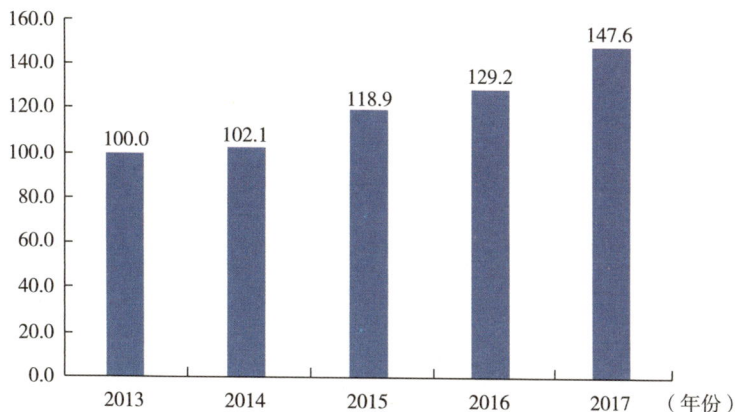

图 6 - 1　2013 ~ 2017 年辐射功能指数发展变化情况

从 3 项二级指数看，产业带动指数发展迅猛，累计增长 76.3，尤其从 2015 年开始加速冲高，连续三年增幅在 20.0 以上；知识溢出指数也表现出强势增长后劲，累计增长 68.3，2017 年增长 24.8，明显高于前几年增长速度；技术流动指数波动较大，主要受转让/许可使用专利数量变动的影响，从 2013 年的 100.0 下降至 2017 年的 98.1。

图 6 - 2    2013 ~ 2017 年辐射功能二级指数发展情况

## （二）知识溢出

知识溢出是知识外部性的一种体现，对区域经济的共同增长具有重要意义，能够表征一个国家或地区的知识产出对其他国家或地区的影响力。2013 ~ 2017 年，北京知识溢出指数从 100 增长至 168.3。

### 1. 科技论文合作活动保持稳定

随着科技的进步、全球化趋势的推动，科学家参与科技合作的方式越来越灵活。论文是科学家进行科研活动的成果，论文合著数据表明，依靠科研团队的协作是北京地区科学技术研究活动的重要形式。

2012 ~ 2016 年①，北京地区异省和异国合作科技论文数发展趋势相对稳定，从 10776 篇增长至 11769 篇，年均增长 2.2%。

从全国情况看，北京异省和异国合作科技论文数始终排名首位，2016

---

① 论文统计数据整体滞后一年。

年共 14 个省（市）异省和异国合作科技论文数超过 2000 篇，12 个省（市）在 1000～2000 篇，5 个省市在 1000 篇以下。

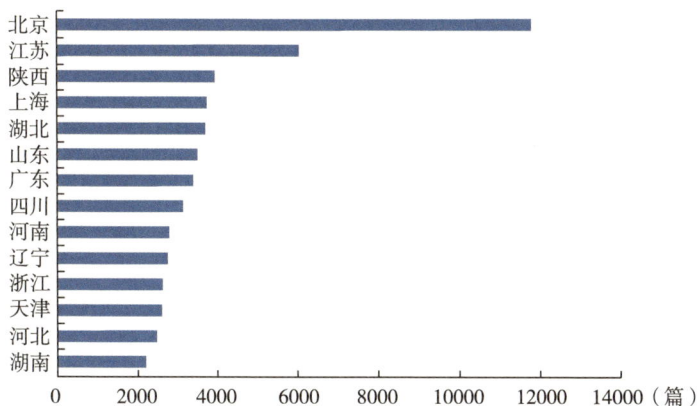

**图 6－3　2016 年异省和异国合作科技论文数超过 2000 篇的省市情况**

资料来源：中国区域创新能力评价报告。

## 2. 国际科技论文全球影响力提升

2013～2017 年，北京地区国际科技论文（采用 SCI 论文）被引频次呈现快速增长趋势，2017 年达到 341.8 万次，年均增速达 22.8%。国际科技论文被引频次的快速增长，从一个侧面揭示了北京地区科技论文全球影响力的不断提升。

从全国范围看，北京地区国际科技论文被引频次始终位居全国第一，其中清华大学、北京大学、北京师范大学、北京协和医学院、北京航空航天大学等高校，中国科学院化学研究所、中国科学院物理研究所、军事医学科学院等科研机构是主力军。但是，北京篇均被引次数为 10.92 次/篇，排名第五，落后于吉林（12.53 次/篇）、福建（11.74 次/篇）、上海（11.44 次/篇）

和安徽（11.38 次/篇）4 个省（市），在一定程度上反映出北京 SCI 论文的平均质量还有待提升。

## （三）技术流动

科学技术作为独立的生产要素，对经济社会发展的作用日益增强，各个国家和地区也日益重视相互之间的技术交流。北京作为国际科技创新中心，技术产出规模庞大，流向京外的技术源源不断，支撑和引领全国的发展。

### 1. 北京技术辐射效应明显

输出到京外技术合同成交额占比是衡量北京技术辐射带动作用的指标，也是《北京市"十三五"时期加强全国科技创新中心建设规划》的目标之一，目标提出"输出到京外的技术合同成交额占北京技术合同成交额的比重保持在 70% 左右"。

北京创新资源丰厚，研发实力强大，北京的技术输出与吸纳交易量均稳居全国首位，在全国技术市场体系中发挥着重要影响。北京技术输出的流向分布格局大致稳定，无论是从合同数来看，还是从成交额的角度来看，北京的技术输出都主要流向京外。数据显示，2013 年以来，北京地区 70% 以上的技术辐射到国内其他省份和国外地区，持续推动首都科技资源向社会开放。

从 2017 年北京技术交易成交额流向看，广东、四川、山东、河北、江苏 5 省（市）属于第一梯队，成交额均超过 100 亿元；浙江、陕西、安徽等 12 个省市属于第二梯队，成交额在 50 亿元以上；其他 13 个省（市）在 50 亿元以下。

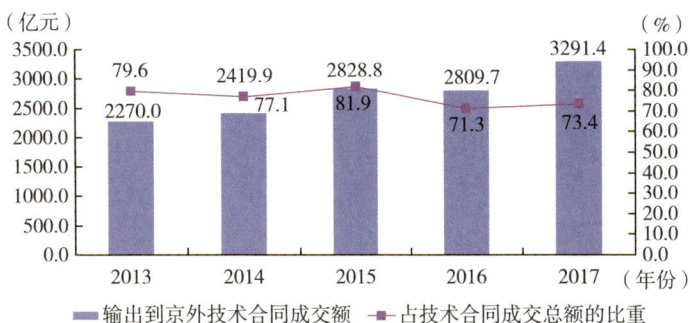

图 6 - 4　2013～2017 年北京输出到京外技术合同成交额情况

资料来源：北京技术市场统计年报。

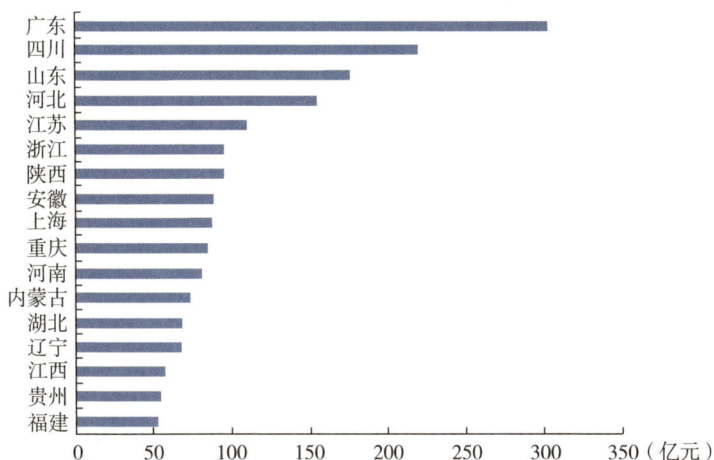

图 6 - 5　2017 年北京输出到其他省市技术合同成交额

资料来源：北京技术市场统计年报。

## 2. 专利转让/许可保持活跃

专利转让/许可是技术流动、转移的重要渠道，是科技成果得以推广应用，从而促进技术创新提高科技竞争力的重要途径，也是科技创新辐射能力的重要体现。

2013～2017 年，北京地区转让/许可使用专利数量整体呈先降后升波动态势。在经历了 2014 年数量减少后，连续 3 年回升，2017 年达到 16679 件。

（件）

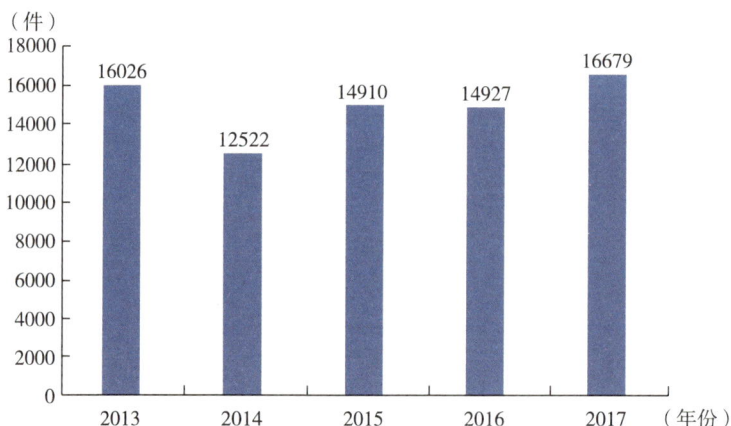

图 6－6　2013～2017 年北京地区转让/许可使用专利数量变化情况

资料来源：知识产权出版社。

值得关注的是，从 2011～2015 年①北京、上海、江苏、浙江、广东 5 省（市）专利转让/许可数量变化情况看，北京年均增速为 10.7%，低于江苏、广东的 16.6%、16.3%。从专利申请人结构看，北京高校和科研机构专利所占比重高（截至 2015 年，北京、广东、江苏职务专利授权量中高校和科研机构所占比重分别为 27.9%、6.8%、9.9%，企业所占比重分别为 77.2%、86.4%、91.1%），在一定程度上依然存在重申请轻应用问题，专利运营能力需进一步加强。

———

① 暂未获取其他省（市）2016 年和 2017 年数据。

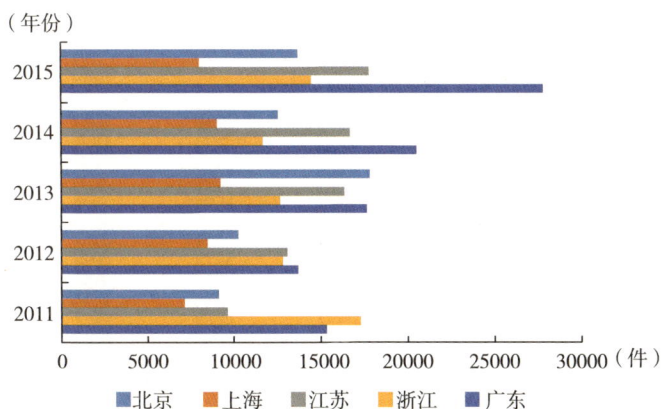

图6-7　2011~2015年5省（市）专利转让/许可数量变化情况

资料来源：知识产权出版社。

## （四）产业带动

2013~2017年，北京经济平稳发展，产业结构也不断提升，第一、第
二、第三产业结构由0.8∶21.6∶77.6优化至0.4∶19.0∶80.6，尤其是科技
服务业、信息服务业等高端产业发展迅速，对其他地区形成辐射效应。

### 1. 企业在全国积极布局

2017年，北京地区企业在全国设立分支机构数合计8406个，较上年增
加1043个，是2013年分支机构数的1.8倍。企业在京外设立的分支机构带
动了其他地区的产业发展，对津冀地区的带动作用尤为显著，形成了曹妃甸
产城融合发展示范区、新机场临空经济合作区、张承生态功能区、滨海中关
村科技园等一批产业园区。

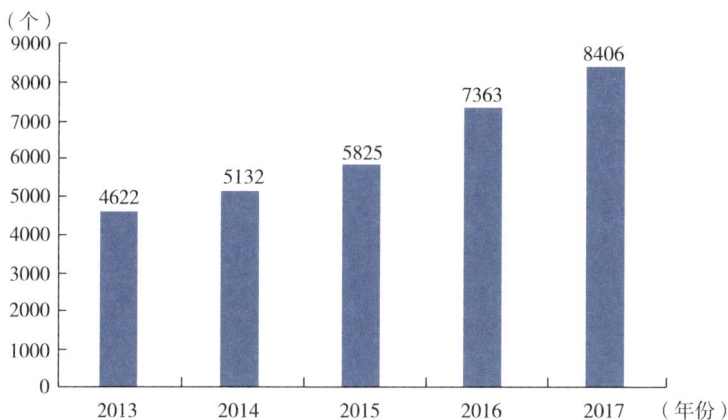

图 6 - 8　2013 ~ 2017 年北京地区企业在全国设立分支机构情况

资料来源：首都科技大数据平台。

## 2. 中关村示范区引领全国

中关村加强整合优质资源，在助力打造京津冀协同创新共同体的同时，引领带动全国创新发展。2013 ~ 2017 年，中关村开放协同指数持续较快增长，2017 年达 170.7，较上年增长 24.4，近五年年均提升 17.7。

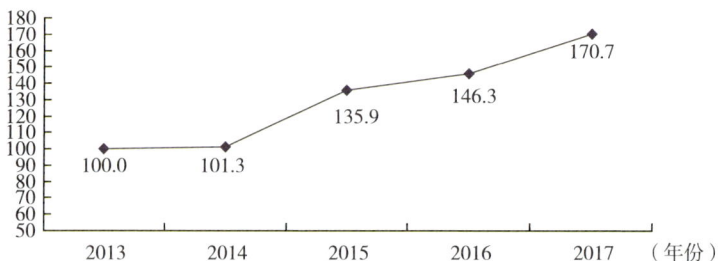

图 6 - 9　2013 ~ 2017 年中关村开放协同指数

资料来源：中关村指数报告。

中关村示范区大力发挥产业优势，深入实施京津冀协同发展战略，加快构建三地互通互联的产业链、创新链和园区链。不断加强顶层设计，加强政策一体化，出台的人工智能产业培育行动计划较好地推动京津冀人工智能产业协同发展、融合发展；跨区域产业链协同更加紧密，2017年中关村企业在津冀两地设立分公司244家，子公司478家；通过设立分园、共建园区、园区合作等形式，加快构建"2+4+N"产业合作格局，2017年，天津滨海—中关村科技园新增注册企业316家，注册资本金超36亿元，保定·中关村创新中心初具规模，99家企业和机构入驻，石家庄（正定）中关村集成电路产业基地总投资380亿元的16个重大项目落地。

## 七、主导功能评价

北京积极支持"走出去"和"引进来"，在全球范围内积极布局，进一步深入参与国际竞争，在脑科学、石墨烯、5G等前沿技术领域超前部署。深化国际科技合作交流与互动，组织开展系列高水平的学术交流活动，逐渐成为全球创新网络的重要枢纽。

### （一）总体情况

随着北京地区科技创新能力的不断提升，高水平科技成果不断涌现，企业全球影响力日益扩大，城市国际地位快速提升，对全球科技创新的主导能力逐渐显现。2013～2017年，主导功能指数从100.0上升至105.6，累计提升 5.6。尤其是 2016 年表现出加速发展态势，指数较 2015 年提升 16.3。

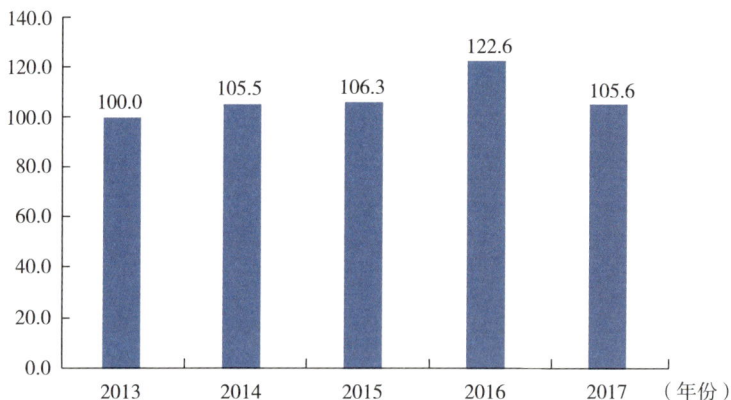

图 7-1 2013~2017 年主导功能指数发展变化情况

从 2 项二级指数看，技术主导指数快速提升，2013~2017 年累计增长 25.0，尤其 2016 年实现跨越式增长，较上年提高 33.1。产业主导指数整体呈下降趋势，2017 年较 2013 年下降了 13.9。

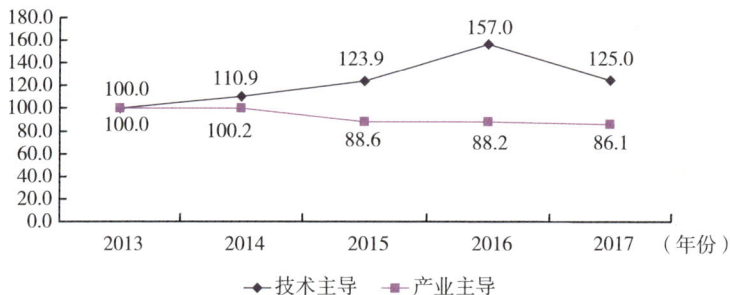

图 7-2 2013~2017 年主导功能二级指数发展变化情况

## （二）技术主导

近年来，北京地区科技实力稳步提升，以 PCT 为代表的国际技术迅速发展，对外技术出口平稳增长。2013～2017 年，北京技术主导指数从 100.0 增长至 125.0。

### 1. PCT 申请量快速增长

PCT 国际申请量是全球公认的用来衡量一个国家或地区的企业创新能力，尤其是国际竞争力的重要指标。随着国家和北京地区相继出台了一系列促进知识产权事业发展的政策措施，北京的创新环境与市场环境不断改善，各类创新主体的创新活力被激发，PCT 申请量也非常可观。2013～2017 年，北京地区 PCT 申请量以年均 14.2% 的增速高速发展，2017 年达到 5069 件，占全国比重为 10.4%。

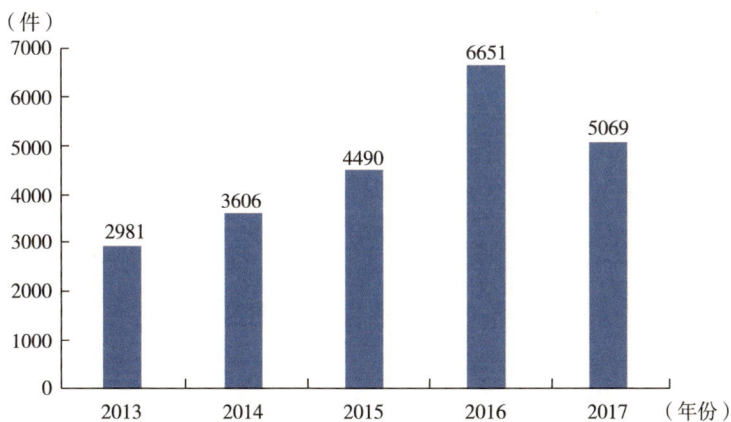

图 7 – 3　2013～2017 年北京地区 PCT 申请量变化情况

资料来源：国家知识产权局年报。

与国内主要省市相比，北京位居全国第二，与排名第一的广东差距甚远，2017 年广东是北京的 5.3 倍。从 2013～2017 年的平均增长速度看，北京以 14.2% 在北京、上海、江苏、浙江、广东 5 省（市）中位列第五，江苏以 40.3% 居首，上海以 24.2% 排名第二，广东以 23.5% 排名第三。

在全球创新相对活跃的城市中，北京低于东京、加利福尼亚和深圳。2017 年北京 PCT 申请量为 5069 件，分别是伦敦和纽约的 3.4 倍和 2.1 倍，与东京（24126 件）、加利福尼亚（10509 件）和深圳（20457 件）还有较大差距，仅华为和中兴两家企业的 PCT 申请量就超过北京的地区总量。

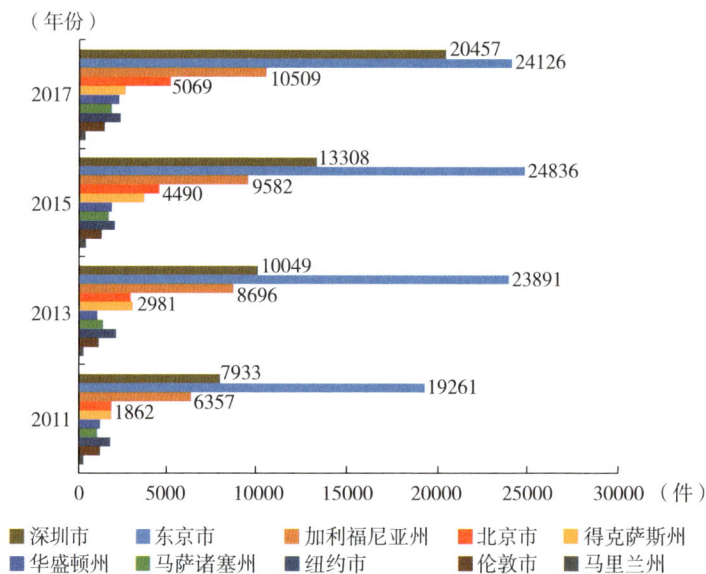

图 7-4  2011～2017 年北京 PTC 专利申请量与国际城市（州）比较

资料来源：世界知识产权组织网站。

**2. 技术国际收入有所下降**

随着国际经济一体化的发展，我国与其他国家之间的经济交往日益增多，国际贸易的数量和金额都在逐年增长，而与技术有关的无形贸易增长更为迅速。技术国际收支是反映技术贸易的重要指标，而技术国际收入则是反映在技术贸易中出口的情况。2013～2017 年，北京技术国际收入整体呈下降趋势，年均降幅为 5.4%，2017 年下滑至 84.9 亿美元，仅为 2013 年的 80.0%。

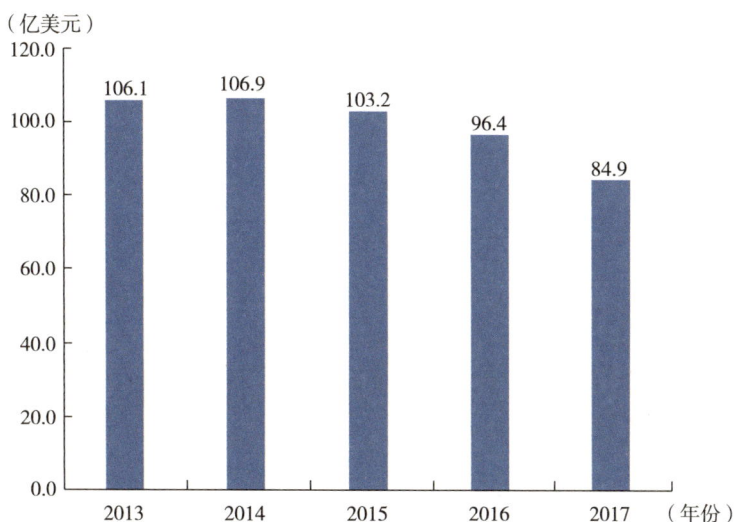

**图 7 - 5　2013～2017 年北京地区技术国际收入变化情况**

资料来源：中国区域科技创新评价报告。

## （三）产业主导

产业主导是技术、市场、资本等客体要素主导权的综合体现，对产业发展和运行具有强大的影响力、控制力和应变力。产业主导从宏观层面表现为国家或地区对自身产业的规制能力以及对全球相关产业规则的制定与执行具有话语权，从微观层面表现为产业内的相关企业能够凭借其对产业高级要素（技术、人才、品牌、渠道、组织等）的掌控从而控制产业链的高端、取得所属价值网的领导地位，也就是说产业主导最终会通过企业实现。北京地区聚集了大批具有世界影响力的总部企业，培育了滴滴、小米等一批创新型企业，产业发展在全国范围具有一定的主导能力，随着企业国际化水平的提升，开始向全球产业链的高端进军。

**1. 世界 500 强企业全球总部数量蝉联全球第一**

"世界 500 强企业"是美国《财富》杂志每年评选的全球最大 500 强公司。2017 年，北京 56 家总部企业进入世界 500 强榜单，比 2013 年增加了 8 家。北京拥有世界 500 强企业总部数量连续六年居世界城市之首。北京入围企业中，有 26 家企业排名同比上升，占北京入围企业数量的 40% 以上。

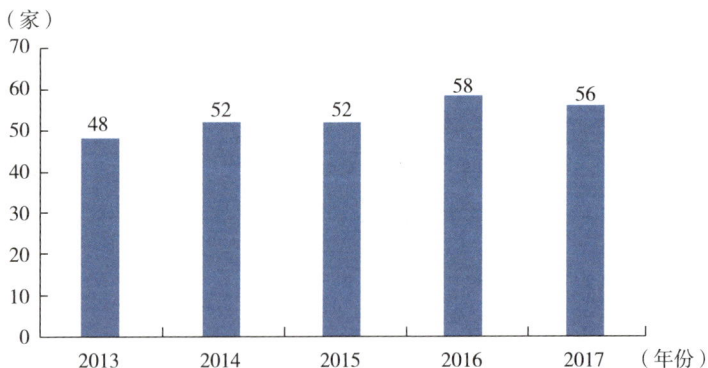

**图 7 - 6　2013 ~ 2017 年北京地区进入世界 500 强企业全球总部数量变化情况**

资料来源：美国《财富》杂志。

值得关注的是，从北京入围 500 强企业的性质和领域看，高度集中在资源、金融、军工、通信等垄断行业的大型国企。主要以中国工商银行、中国人民保险集团股份有限公司等国有金融企业，中国石油天然气集团公司、国家电网公司等国有垄断资源能源类企业，中国兵器工业集团公司、中国航空工业集团公司等军工类企业为主，民营企业鲜见。

**2. 高技术产品出口快速下滑**

高技术产业作为一种新型的、强大的生产力，在当今经济社会中发挥着越来越重要的作用，经济全球化条件下国际贸易和国际投资结构向高级化发展的趋势，也极大地促进了北京地区高新技术产业国际化进程。2013～2017年，北京地区高技术产品出口额逐年下降，年均降幅为13.6%。2017年为113.2亿美元，仅为2013年的55.6%。

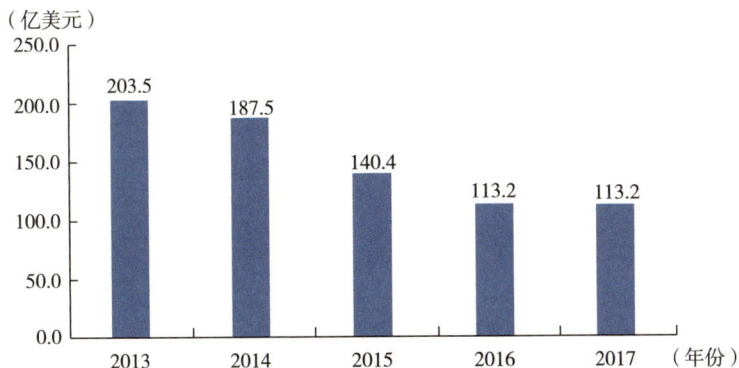

图7-7　2013～2017年北京地区高技术产品出口额变化情况

资料来源：国家海关总署。

工业的产品创新是影响高技术产品出口的重要因素。从北京地区工业新产品出口情况看，2013～2017年整体呈下降趋势，年均降幅为14.7%。同期，工业企业新产品出口占全国工业新产品出口的比重也呈现下降趋势，

2015～2017 年连续三年稳定在 0.8%，比 2013 年下滑了 1.6 个百分点，说明北京地区工业企业创新产出在全国的地位有所下降。新产品出口情况能够反映企业在国际市场上竞争力的强弱，从目前的情况看，北京地区工业企业要进一步提升在国际市场的地位还需要进一步加快产品创新的步伐。

图 7 - 8　2013～2017 年北京地区工业企业新产品出口及占全国比重情况

资料来源：《中国科技统计年鉴》。

借鉴篇

一、硅谷

硅谷是现代科学发展中第一个可以被称为科技创新中心的地方,在美国科技实力全球领先、对全球人才最具吸引力的大环境下,硅谷培育了诸多全球知名的科技公司,而且在互联网、计算机行业多是领头羊企业。政府在硅谷的整个发展过程中扮演最初的领路人和环境建设者的角色,而对于商业过程本身,政府参与很少。政府之外,高校、企业、个人表现出很强的活跃性。总体上,硅谷在集聚力、原创力、驱动力、辐射力和主导力五个方面都表现强劲。

硅谷主要包括圣塔克拉拉县和圣马蒂奥县的全部地区和阿尔梅达县和圣塔克鲁兹县的部分地区,面积约 4801 平方千米(约占加利福尼亚州的1%)。20 世纪 60 年代中期以来,硅谷以具有雄厚科研实力的美国一流大学斯坦福大学、加州大学伯克利分校等世界知名大学为依托,聚集了一批高技术企业,逐步发展成为世界上首屈一指的科技创新中心。

## (一)创新发展概况

硅谷表现出了极大的集聚力,包括科技人才和风险资本。硅谷的人才、工资水平、外国移民等方面都高于加利福尼亚州的平均水平,集聚了加利福尼亚州大比例的资源。

1997 年，硅谷及其周遭上市科技公司的总市值高达 4250 亿美元，占美国高科技市场总价值的 37%。1999 年由硅谷牵动的美国互联网产业第一次超过汽车产业，成为美国的第一大产业。2006 年硅谷总共有 225300 个高技术职位，到 2016 年达 408997 个。以高技术从业人员的密度而论，硅谷居美国之首，其中约 1/4 的人从事高 ICT 行业。2008 年硅谷高技术职位的平均年薪亦居美国之首，达到 144800 美元，人均 GDP 达到 83000 美元，居全美第一，硅谷的 GDP 占美国总 GDP 的 5%，而人口不到全国的 1%。美国科学院院士在硅谷任职的就有近千人，获诺贝尔奖的科学家就达 30 多人[①]。同时，还展现出以下创新特征：

**1. 技术创新能力领先全球**

专利注册量领先全国。2015 年硅谷共注册 18957 项专利，约占全美 13%，每万人专利拥有量达 628 件，是目前世界上万人专利拥有量最多的地区；中小企业具有极强的创新活力，从每百万美元 GDP 获得小企业创新研究计划（SBIR）和小企业技术转让计划（STTR）资助数看，1990 ~ 2011 年硅谷在 500 项左右，而波士顿、华盛顿特区、圣地亚哥等地仅 50 ~ 200 项（见图 1 - 1）[②]。正是其先进的技术创新能力，使硅谷 2016 年人均 GDP 达到 184430 美元，超出美国平均水平的 1/3。

**2. 形成了优势突出的主导产业**

硅谷的信息与通信技术（ICT）等相关产业处于产业链顶端，拥有极强

① 聂永有，殷凤. 科创引领未来——科技创新中心的国际经验与启示［M］. 上海：上海大学出版社，2015.

② 杜红亮. 硅谷作为全球科技创新中心的主要特征及启示［J］. 全球科技经济瞭望，2016（3）：46 - 47.

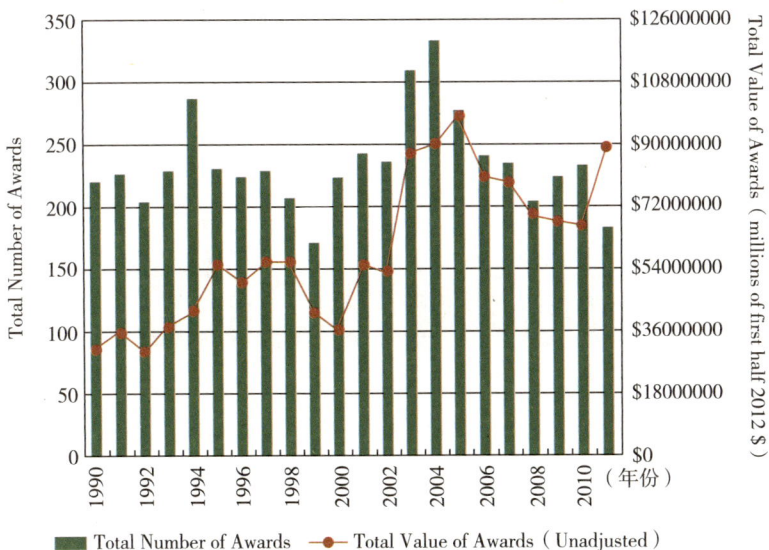

**图 1 - 1　1990 ~ 2011 年硅谷中小企业获得 SBIR 和 STTR 资助情况**

的主导权。从企业分布看，拥有一大批全球知名的领军企业，如苹果、惠普、谷歌、英特尔、思科、甲骨文等；从专利构成看，计算机、数据处理与信息存储及通信行业的专利一直占比最大，尽管近年来呈现下降趋势，但2015 年仍占到 66% 左右①（见图 1 - 2）；从风险投资领域看，2016 年计算机、数据处理与信息存储及通信行业 65.1% 的企业收到风险投资②。

**3. 创新创业活动投资十分活跃**

2016 年共有 93 亿美元流入硅谷公司（旧金山 138 亿美元）。2011 ~ 2016年，每年硅谷和旧金山的企业接受的天使投资占加利福尼亚州总额的 70%以上（见图 1 - 3）。同期，硅谷发生将近 600 次企业并购事件，约占加利福

---

① Silicon Valley Institute for Regional Studies. Silicon Valley Indicators［EB/OL］.（2018 - 07 - 30）［2019 - 03 - 21］. http：//siliconvalleyindicators. org/data/economy/innovation - entrepreneurship/patent - registrations - by - technology - area/.

② Silicon Valley Institute for Regional Studies. Silicon Valley Indicators［EB/OL］.（2018 - 07 - 30）［2019 - 03 - 21］. http：//siliconvalleyindicators. org/data/economy/innovation - entrepreneurship/venture - capital - by - industry/.

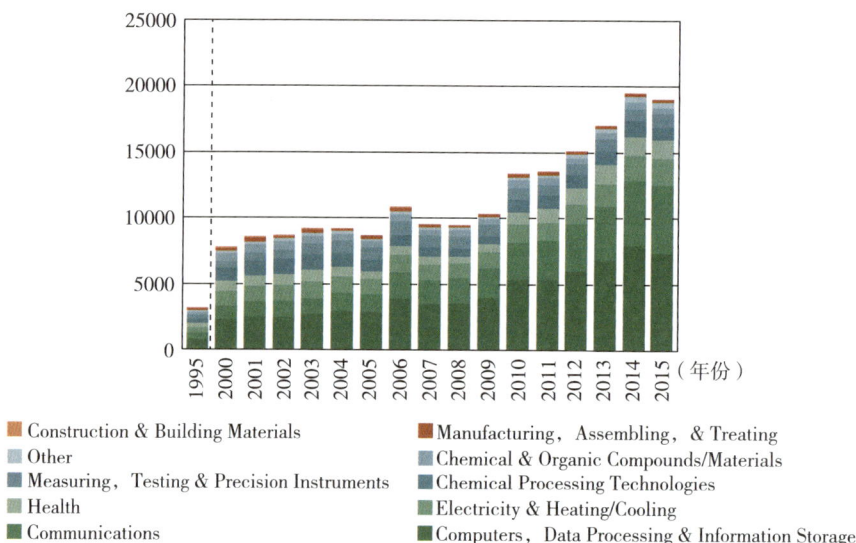

- Construction & Building Materials
- Other
- Measuring, Testing & Precision Instruments
- Health
- Communications
- Manufacturing, Assembling, & Treating
- Chemical & Organic Compounds/Materials
- Chemical Processing Technologies
- Electricity & Heating/Cooling
- Computers, Data Processing & Information Storage

图 1 - 2    1995 ~ 2015 年专利构成情况

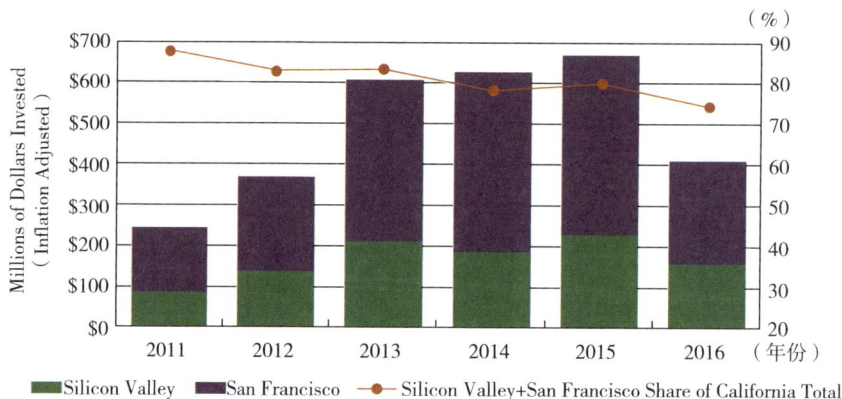

- Silicon Valley
- San Francisco
- Silicon Valley+San Francisco Share of California Total

图 1 - 3    2011 ~ 2016 年硅谷、旧金山和加利福尼亚州天使投资情况

尼亚州的 21%①。此外，硅谷中小企业的贷款笔数快速增长，2011 年硅谷

---

① Joint Venture Silicon Valley, Silicon Valley Community Foundation. 2017 Silicon Valley Index［R/OL］. （2018 - 03 - 11）［2019 - 03 - 21］. https：//jointventure. org/images/stories/pdf/index2017. pdf.

的贷款笔数是 1996 年的约 3.4 倍，而美国只增长了约 1.1 倍。

**4. 聚集了大量外国人才**

自 1996 年以来，硅谷每年保持大约 1% 的人口跨国流动。2015 年硅谷地区外国人占比达 37.5%，而同期美国只有 13.5%。据统计，2016 年部分行业领域外国人十分集中，其中计算机行业外国人占比达 67.2%，建筑设计行业外国人占比达 65.5%，自然科学行业外国人占比达 46.9%，卫生健康行业外国人占比达 43.4%[①]。

## （二）创新发展举措

### 1. 宽松移民政策下的多元文化与人才集聚

美国是最早实施吸引人才政策的国家。1864 年即出台了《鼓励外来移民法》，鼓励外国劳动力入境，对移民人员不做挑选。1882～1952 年持续实行了《禁止输入中国劳工法》的排华法。1952 年之后，较长时间地倾向于经济类移动（技术移民），通过职业签证吸引外国专业人才，例如，1952 年出台的《移民与国籍法》规定将全部移民限额的 50% 用于美国急需的、有突出才能的各类外国专业人才。之后，1990 年出台了《移民改革法案》，可以看作是对技术人员最为友好的移民政策，它将技术类移民从其他类别移民中独立出来，设立五种永久居留的技术移民优先类别，而且开始实施专门引进外国专业人才的 H-1B 签证计划。此后由于"9·11"事件，移民政策收紧，2003 年 10 月 1 日，特殊 H-1B 签证法案的失效，使授予 H-1B 签证

---

① Joint Venture Silicon Valley, Silicon Valley Community Foundation. 2017 Silicon Valley Index〔R/OL〕.（2018－03－11）〔2019－03－21〕. https：//jointventure. org/images/stories/pdf/index2017. pdf.

的年度上限从 195000 下降到 65000。这一做法对行业聘请所需人才无疑产生了显著的影响，之后受到来自科学界和产业界的大力反对。

2014 年美国发布高技能人才移民政策，提出要永久增加高技能人才获得绿卡 O1 - A、H - 1B、E2 等签证的配额，这就允许美国雇主能够在专业岗位临时雇用外国高技能人才，也让外国企业家能够在美国集资开办企业。2015 年又进一步简化永久居民和非移民签证的签证过程，并提高 EB - 5 签证资格标准，以更好地反映创业公司的发展，且最大限度地提高 O - 1 签证颁发，特别是针对高素质的企业家的 O - 1 签证。

据 NSF 调查，2003 年美国超过 1/5 的科技与工程劳动力是外国人。工程相关领域超过 1/4 的员工和超过一半的博士是外国人。2016 年，美国智库信息技术与创新基金会（ITIF）一项调查数据表明，超过 1/3 的美国创新者在美国国外出生，尽管这部分人口只占美国居民的 13.5%；超过 17% 的创新者并非美国公民①。

Kauffman Foundation 的资料显示，2006～2012 年由海外移民参与创立的技术类公司，占了美国工程技术类公司总数的 25%，这些公司大约聘雇了65 万名员工。而《硅谷百年史》的第一作者阿伦·拉奥称，"超过 50% 的硅谷企业都是由美国以外出生的人建立的，其中多数是来自中国和印度的青年人。而这项数据在纽约、波士顿、圣地亚哥等地只有不到 1/3"②。没有人否认，多种族、多国籍高科技人才为美国在科技产业领域做出贡献，而对于硅谷，更为集中的多元文化人才聚集为硅谷的发展注入了强大的生命力。

---

① 蔡立英. 美国创新的人口统计学研究［J］. 世界科学，2016（6）：25 - 26.

② 英才杂志. 最懂硅谷的人：硅谷超 50% 的企业都外来移民建立的［EB/OL］.（2016 - 10 - 26）［2018 - 06 - 27］. http://business. sohu. com/20161026/n471426463. shtml.

## 2. 政府科研项目提供的创新起点

现在硅谷的两大高校——斯坦福大学和加州大学伯克利分校在第二次世界大战期间都承担了大量的政府军事科研项目。在这些项目的基础之上，20世纪中期斯坦福大学分离出斯坦福大学研究院，把军事科研成果更多地发展为民用。而加州大学伯克利分校因为其军事科研项目涉及国家机密较多，向市场转化的较少。例如，1959年，仙童公司获得1500万美元的合同，为"民兵式"导弹提供晶体管，1963年又获得为"阿波罗"宇宙飞船导航计算机提供集成电路的合同。这为初期的仙童公司〔1989年卖给斯伦贝谢（Schlumberger）公司〕提供了很大的支持，从而在20世纪50年代，将军需市场全部半导体产品的70%都放在硅谷生产。

虽然现在的硅谷几乎已看不到军事科研的影子，而是以互联网为核心，是一个与政府关系较远、不需要与政府建立"好关系"的产业园。但是，从硅谷的发展历程来看，硅谷的兴起却大大受益于政府资助的项目。因此可以说，政府科研项目是燎原之火的"火星"，但在其开始进入成长轨道之后，政府资金却不再介入，而是交由市场运作推进有效率的追求利益的创新活动。

## 3. 创业精神推动高校成果商业化

斯坦福大学是硅谷的知识和人才的重要产出源泉。说起硅谷的发展，总会提及斯坦福大学。惠普公司的创始人比尔·休利特和戴维·帕卡德都是斯坦福大学学生，比尔·休利特利用其硕士研究课题研制出上阻容式声频振荡器（HP200A），成为惠普公司的第一款产品。

1998年，斯坦福大学在读学生拉里·佩奇和谢尔盖·布林一起在加州郊区的一个车库创建了Google，当时谢尔盖·布林是在攻读博士期间选择了休学。Google 的第一位天使投资人，SUN 公司联合创始人安迪·贝克托斯海姆（Andy Bechholsheim）同样是斯坦福大学的校友。

Instagram 公司的两位创始人凯文和麦克都是斯坦福毕业生，在 2005 年和 2007 年分别获得过 Mayfiled 奖学金，这个奖学金是为期 9 个月的"工作学习项目"，返回校园学习企业管理理论，与硅谷的创业公司一起工作一个夏天。这个项目在 1996 年由工程学院的教授开创。

这些成功的案例都诠释了工程师到企业家的成功转变，这种转变的核心在于创业精神。斯坦福校长约翰·亨尼西说，创业精神是斯坦福大学最根本的精神气质。早在 1951 年，斯坦福大学的工程学院院长弗雷德里克·特曼（Frederick Terman）就决定在校园创办工业园区，将校园土地租给当时的高科技公司使用，他被称为"硅谷之父"。

斯坦福的许多教授是某个公司的顾问或董事会成员，持有公司股份，因此在教学之外，他们还可以给学生提供很多人脉资源。斯坦福的教职工可以留职一年去创业，而且现在可以不必停职，就能同时创业。近年来，斯坦福大学的工程学院还为学生开设商学院课程，并且邀请上市公司的 CEO 给学生上课。正是斯坦福的创业文化给教师和学生灌输了一种"淘金心态"，1/4 以上的本科生和研究生都在学工程师专业。

高校人员的高创业率不仅可以把高校成果尽快实现转移转化，还会反过来受到已成功商业化企业的反哺。例如，斯坦福大学能源环境学院的气候与能源项目的主管萨利·本森在一次接受采访时说，她的项目有 1.2 亿美元的基金，分别来自通用电气、埃克森石油、杜邦、丰田这样的大型企业。他们正从事的是最基础的科学研究，要解决的是复杂的环境和气候问题，包括新材料的发明、二氧化碳的捕获等。在项目进程中，由于与工业资本的密切联系，随时产生的应用性成果都能迅速获得新的项目资金，成立新公司。

**4. 高效政府创建友好环境**

许多人说，硅谷不是政府创造的，如美国政府对于硅谷的研发方向并没有什么影响；再如，在硅谷研发无人驾驶技术多年之后，奥巴马才公开撰文支持无人驾驶，落后技术趋势许久。但是仍然应该看到，政府在为硅谷创新上创造了便捷的环境，以政府的努力提高行政服务效率为例。

加州政府提供的"365×24小时"服务。为了及时满足高科技公司的需要，政府提供365天、每天24小时的特别服务。20世纪末，硅谷的米尔皮塔斯市（Milpitas）即实现了网上申请创办公司的许可，高科技公司和市民甚至在圣诞节当天都可以向市政府提出申请，绝不耽误公司作业。政府还为有关工作人员添置笔记本电脑，以备外出做审查时可在汽车上使用①。目前，加州政府设置一栏为"Doing Business"，专门为创业提供各种资讯，在加州政府下属的商业与经济发展州长办公室网站，可以根据计划创办企业的注册地和企业所属行业，检索所需办理的全部许可和其他文件。

在创业环境的服务之外，当地政府还在生活环境上有诸多努力。米尔皮塔斯市致力于建设以家庭为中心的社区，希望住在市郊的居民有广阔的空间、大片草地、能让孩子嬉戏的公园、好的治安、清洁的饮用水，另外还有在报警后4分钟内马上做出反应的治安体系。

**5. 商业模式创新与资本运作加强对外辐射与主导**

业务外包（Outsources）模式是硅谷创造的商业模式。外包不仅使硅谷企业找到了自己的最佳业务模式，而且通过对产业链、价值链的分解和优

---

① 张景安，亨利·罗文. 创业精神与创新集群硅谷的启示［M］. 北京：中国科技出版社，2015.

化，在全球范围内进行业务外包而自己却掌握着产业链的最前端、价值链的最高端，由此实现在全球范围内对特定行业的强力控制。

半导体产业的外包兴起，硅谷成就了中国台湾的新竹。20 世纪七八十年代，硅谷的一些公司为了降低生产成本，对生产业务进行外包，台湾地区因劳动力成本低和劳动力素质满足要求而成为首选地，所以硅谷的技术和资本向台湾新竹转移。在此带动下，新竹在人才、创业等多方面进行努力，目前已发展成为亚洲屈指可数的科技园区。

企业的对外投资和收购、兼并也体现出一个区域、一个产业对全球资源的控制。以英特尔公司为例，自 1991 年以来，英特尔旗下的英特尔投资已经向 57 个国家和地区超过 1440 家公司投入了 116 亿美元的资金。期间，212 家投资组合公司在全球多家证券交易所上市，381 家公司被收购或参与合并。英特尔的投资行业，除了少部分拓展到其核心业务之外，大部分投资都围绕着计算机、大数据产业生态，如体验与感知计算、云计算及云存储、软件及服务、智能设备、网络安全、数据中心及大数据、物联网、可穿戴设备及机器人技术等，通过投资活动构建英特尔的科技生态系统，从而把握产业前沿。

# 二、波士顿

美国波士顿市（Boston）创建于 1630 年，是美国马萨诸塞州的首府和最大城市，也是新英格兰地区的最大城市和文化重镇。波士顿是美国高等教育、医疗保健及投资基金的中心，是全美人口受教育程度最高的城市。其中，坎布里奇是蜚声全球的大学城，也是哈佛大学和麻省理工学院等 4 所高校的所在地，担当着波士顿大都市区的中央智力区和"创新心脏"的角色。它的经济基础是教育、金融、医疗及科技，是全美人均收入较高的少数大城市之一，并被认为是一个全球性创新城市。

## （一）创新发展概况

**1. 拥有极强的原始创新能力，为城市发展提供源源不断的动力**

波士顿是美国教育的发源地，共拥有 35 所大学，其中有 8 所排名美国前 100，被称为"八大名校"。它们是哈佛大学、麻省理工学院、波士顿大学、波士顿学院、布兰迪斯大学、东北大学、塔芙茨大学和马赛诸塞州大学波士顿分校。八大名校是诺贝尔奖得主的摇篮和集中地：哈佛大学 82 位（包括培养的毕业生、教授等广泛意义上的校友群体）、麻省理工学院 78 位、波士顿学院 63 位、波士顿大学 6 位、布兰迪斯大学 1 位（Roderick MacKinnon，洛克菲勒大学教授、2003 年诺贝尔化学奖得主）、塔夫茨大学 1 位（Eugene F. Fama，芝加哥大学教授、2013 年诺贝尔经济学奖得主）。这些知名的高校和尖端的人才使波士顿成为原始创新的摇篮。《2015 国际大都市科技创新能力评价》报告显示，2004～2014 年，综合同族专利平均规模、专利授权率、平均权利要求数量和平均被引数量 4 个指标进行等权重评估，结果表明，波士顿、纽约和柏林在专利质量上位居前三。其中，波士顿在平均权利要求数量和平均被引数量上最多。论文质量上，结合学术论文平均被引数量、会议论文平均被引数量以及 ESI 高引论文三大指标，排名前三的为波士顿、纽约和巴黎。同样，波士顿的学术论文平均被引数量、ESI 高引论文数量最多。大量知名高校与研究机构的聚集为波士顿营造了良好的科研与技术开发环境。

**2. 高校成为城市经济发展的引擎，产学研合作突出**

有调查指出，高校在大波士顿发挥着经济引擎的作用，每年引资达 70 亿美元；直接和间接创造了 8.5 万个工作岗位；每年为劳动力市场新提供 3.2 万名毕业生；每年平均获得 264 项专利、授权 280 个技术商标、创办 41 个企业。另一项调查发现，麻省理工学院在本地的关联企业超过 1000 家，全球销售额为 530 亿美元，直接创造当地就业岗位 12.5 万个，间接创造就业岗位 12.5 万个，超过 160 家生命科学及相关技术的企业全部脱胎或得益于当地高校。在专利合作创新中，波士顿产学研占了 70%。正是在这种智力源的支撑下，波士顿自 20 世纪 90 年代起成功转型为全美重要的智慧都市。当前，波士顿的产业形态是直接以坎布里奇的高校资源为根本基础，以大波士顿为经济重心的麻省成为全美人均专利第一位和人均创办企业第三位的州①。

**3. 基础研究助推生物医药产业发展，打造全球生物医药中心**

波士顿拥有美国乃至全球最好的医学研究力量和医疗机构，包括哈佛大学医学院、塔夫茨（Tufts）大学医学院、波士顿大学医疗和牙科学院、新英格兰医学中心等高校，以及马萨诸塞州总医院、贝斯以色列女执事医疗中心、不莱根妇女医院、波士顿儿童医院等顶尖医院。位于波士顿市区西南方向的长木（Longwood）医疗产业区，虽然面积还不到 1 平方千米，但是已经发展成为世界著名的健康、医疗教育和医学研究中心。同时，世界上最大

---

① 屠启宇. 波士顿实践：创新城市直接充当"调结构"驱动力［EB/OL］. （2016 – 09 – 30）［2019 – 03 – 22］. http：//www.chinadevelopment.com.cn/zk/yw/2016/09/1084478.shtml.

的生物制药公司 Biogen、Sanofi - Aventis、诺华、辉瑞、强生创新中心、默克等也聚集于此。2016 年，波士顿连续 22 年获得美国国家卫生研究院（NIH）单一城市最高资金补助。波士顿 42 家机构获得了 3592 项 NIH 奖，总金额达 18.5 亿美元[①]；据其统计，每投入 1 美元研究经费，可为当地带来 2.21 美元的经济增长。这个数目占美国国立卫生研究所支出的 7.5%，占美国国立卫生研究院拨予美国马萨诸塞州资金的 72%[②]。同期，波士顿生物医药企业风险投资共有 78 笔交易，涉及金额达 30.6 亿美元（领先全美），拥有全美第二多的专利（6496 项），相关从业人员 86235 人（第 3 名）[③]。生物医药相关产业就业人口占比达 30%。因此，波士顿在 2015 年位于 GEN 推出的"Top 10 U. S. Biopharma Clusters"首位，成功超越硅谷。

## （二）创新发展举措

### 1. 政府实施多种税收鼓励和资助等政策，大力鼓励创新

波士顿所在的马萨诸塞州拥有较低的税率，极大地激发了创业的热情。该州实际所得税税率比平均水平低 2.4%，近 60% 的报税企业每年仅缴纳 456 美元的税。该州公司税率为 8.25%[④]。同时，马萨诸塞州生命科学计划（Massachusetts Life Science Initiative）在 2007～2017 年提供了 10 亿美元的资金，进一步支持马萨诸塞州的生命科学研究。不仅如此，政府还为属于生物技术产业的企业提供多种税收鼓励政策、融资途径和补助金等，主要包括：

---

①② Boston planning & development agency. National Institutes of Health（NIH）2017［EB/OL］.（2017 - 02 - 23）［2018 - 07 - 25］. http：//www. bostonplans. org/getattachment/eaee1f07 - 44fa - 4a2a - 8897 - fe30fd85ae40.

③④ 万有引力. 美国最具价值生物制药产业集群 TOP10［EB/OL］.（2017 - 06 - 28）［2019 - 02 - 21］. https：//www. cphi. cn/news/show - 141496 - 2. html.

一是"经济开发鼓励项目"。针对州税收和地方税收鼓励项目，帮助落户波士顿和在波士顿拓展业务的企业显著削减商务成本。二是"创造就业鼓励项目"。帮助符合相关标准的生物科技企业或医疗器械制造公司就其创造的就业岗位获得奖励金。三是"研发税收减免政策"。针对制造商和研发企业的研发活动投资，促进公司开展研发活动。四是"经济稳定信托基金"经济开发项目。作为一个私营公用基金，帮助企业在波士顿建设中小型研发和制造基地。以2016年美国通用电气总部搬迁至波士顿为例，通用电气能够从马萨诸塞州政府获得多达1.2亿美元的补助、从波士顿政府获得2500万美元的地产税优惠、100万美元的劳工培训补助、500万美元用于研究机构及大学培养关系的补助①。

### 2. 联合周边城市打造区域创新共同体

2014年，波士顿市市长马丁·沃尔什（Martin Walsh）认识到"当前面对的最大障碍不是城市行政区域的问题，而是在面对跨区域问题时，如何形成合力，共同努力寻找解决问题的有效途径"。于是联合布伦特里市、剑桥市、昆西市和萨默维尔市的市长宣布沿着MBTA（Massachusetts BAy Transportation Authority）红线，建立"生命科学走廊"，目前该地区拥有超过450家生命科学公司。2016年1月，波士顿市、布伦特里市、剑桥市、切尔西市、昆西市和萨默维尔市的市长联合宣布建立"大波士顿地区区域经济联盟"（Greater Boston Regional Economic Compact）。大波士顿都市区包括萨福克县和波士顿、剑桥、昆西、牛顿、萨默维尔、里维尔和切尔西等城市，以及一些小镇和远离波士顿的郊区，同时还包括新罕布什尔州的部分区域，波

---

① 生物城市圈创新，波士顿挑战硅谷的资本 ［EB/OL］. http：//www. time - weekly. com/html/20160524/33487_ 1. html? utm_ source = tuicool&utm_ medium = referral.

士顿市位于都市区的中心。根据协议，六个城市都将聘请全职工作人员协调区域关系及制定促进经济增长战略，搭建区域性经济合作沟通的桥梁。区域性的经济合作将在住房、交通、可持续发展以及经济发展等方面联手制定有利战略，解决区域性发展问题。

### 3. 注重以科技文化重塑城市形象

波士顿政府十分注重以科技文化推动城市转型，将有"美国最脏港口"之称的南港改造成一个集工作、娱乐和生活于一体的城市创新功能区就是一个很好的例子。创新功能区介于洛根国际机场（Boston Logan International Airport）和海运码头（Boston Harbour）之间，为两条高速干道所环绕，占尽海陆空交通优势。区域面积达 1000 英亩（约合 4 平方千米），包括 Font Point，Fan Pier，Seaport，Liberty Wharf，Channel Center，部分金融区（Financial District）和皮革区（Leather District）等若干组团。目前，在创新功能区筹建的波士顿创新中心总投资 550 万美元，占地 12000 平方英尺（约 1115 平方米），包括 9000 平方英尺（约合 836 平方米）的公共空间和 3000 平方英尺（约 279 平方米）的餐厅，整体为一层建筑。公共空间包括若干会议室、教室和展厅，可以举办会谈、研讨及展销等多种交流活动，对新创办企业及其员工免费开放。创新中心通过餐厅营业利润维持正常运转。当地政府考虑到来此就业的多为青年人，因此建造的都是 28～50 平方米的微小户型住房，被称作"创新单元"，建成后以低廉的租金租给青年企业家和科技人员。在城市改造的同时，也充分体现了其促进创新发展的巨大作用。

### 4. 注重对年轻人的培养

波士顿市 64 万人口中，20～34 岁的年轻人占 34%，这部分人占全部就业人口的 48%，大学以上学历的也占 48%，属于年轻、高学历、最有活力和创造力的人群。为了吸引这些人在波士顿就业，当局 2004 年开始推行"三分之一人才计划"（ONEin3），涵盖住房、就业、休闲娱乐等多个方面。例如，开发名为"创新单元"（Innovation Unit）的微小户型住房，并以低价租给青年企业家和科技人员；建设波士顿创新中心孵化科技企业以及建设网络平台与多样的交流空间推动社交网络等①。同时，注重在校生的社会实践培养。2017 年夏天，马萨诸塞州政府推出大众科技（Mass Tech）实习合作伙伴计划，该项目帮助符合条件的公司雇用合格的实习生、帮助其推动创新，从而使技术部门保持活力和增长。如果匹配成功，公司可以报销实习生总薪酬的 50%，为最多 2 名实习生提供津贴，每名实习生每年 3200 美元。

波士顿作为美国教育的摇篮，不仅聚焦了大量的高校和诺贝尔奖获得者，还诞生了一大批诸如世界上第一台能够实时处理资料的"旋风电脑"、B-2 幽灵隐形战略轰炸机等原始创新成果，在原创力方面十分强劲。与此同时，由于当地政府全力推动科技成果转化，采取多种举措鼓励高校师生创业，其卓越的转化力使高校成为当地经济发展的新引擎，并聚集了几乎全球最为优秀的生物医药科技资源，使其生物医药产业在全球具有很强的主导权。

北京与波士顿有许多相似的地方，同样拥有本国最为优秀的高校资源。通过对比发现，强化北京高校的原始创新能力、加快产学研合作、推动科技成果转化，是北京亟待加强的重要方面。

---

① 王颖等. 上海市杨浦区面向 2040 年建设大学型城区的思路与对策探讨［J］. 上海城市规划, 2016（1）：94-96.

## 三、伦敦

伦敦是英国的政治、经济、文化、金融中心和世界著名的旅游胜地，是多元化的大都市，居民来自世界各地，是一座种族、宗教与文化的大熔炉城市，使用的语言超过 300 多种，是全球化的典范。到 2015 年，拥有人口858.6 万人，约占英国的 13.4%，是欧洲地区第二大人口城市。

### （一）创新发展特征

17 世纪后期，英国伦敦地区恰逢人类进入蒸汽动力时代，成为第一个全球科技创新中心并保持至 18 世纪后期；至今仍在物理、天文学、数学、生物学和医学等领域保持传统优势，其重视自然科学纯理论研究的传统和世界一流的学术交流与科学研究环境，仍使得伦敦继续成为全球领先的科学中心。在创新发展方面呈现出以下几点特征：

**1. 聚集吸引了大量的创新资源**

伦敦目前共有 48 所高等院校，约占全英国的 1/3，是世界上唯一一座拥有 4 所位列世界顶尖大学前 40 名的高校的城市。有一半以上的英国百强公司、100 多个欧洲 500 强企业和 17 家全球 500 强企业（2014 年数据）在伦敦设有总部。在伦敦科技城共吸引了超过 40000 家科技企业聚集于此。2016 年下半年，谷歌宣布继续推动在伦敦建立新总部，投资规模超过 10 亿英镑，创造新的工作岗位 3000 余个；Facebook 宣布继续加大对伦敦的投资；

软银宣布将在英国伦敦建立一支有史以来规模最大的高科技投资基金，基金规模将达到 1000 亿美元；福特和硅谷顶级科技创新企业加速器 Rocket Space 均宣布在伦敦设立分中心。伦敦正在像吸铁石一样吸引着英国各地的青年人，大学毕业生中有 1/3 都奔向伦敦。这份由智库机构发布的"城市中心"（The Centre for Cities）报告显示，2009～2013 年，有多达 8 万名年轻人搬到伦敦居住，同期从伦敦搬走的人仅有 3.16 万人，搬走的人大部分居住在附近的埃塞克斯、肯特或者苏塞克斯，工作地点仍然在伦敦。2014 年 8 月 6 日，据南非咨询机构新世界财富最新发布的报告，伦敦目前拥有 37.66 万个人净资产在 100 万美元以上的富翁，百万富翁人数位居全球城市之首，人数约占城市总人口的 2.8%。数据显示，排名第二至第五的城市是纽约、东京、新加坡和中国香港，其百万富翁人数分别为 31.97 万、26.58 万、22.38 万和 21.17 万，各自占人口的 1.6%、2%、4.5% 和 2.9%。

**2. 风险投资高度活跃**

安永（EY）研究报告显示：伦敦作为欧洲的科技中心，具有非凡的吸引力。2005～2014 年，伦敦吸引了 1000 多个国际科技投资项目。排名第二的城市巴黎却只有 381 个项目[1]，伦敦是其 3 倍。同时，伦敦企业吸引风险投资能力卓越。自从英国脱欧结束以来，风投向伦敦科技公司注资 18 亿英镑，排名第二的柏林仅为 7.75 亿英镑[2]；2016 年，伦敦的科技企业并购交易额占总并购交易额的一半以上，包括微软以 1.75 亿英镑（2.5 亿美元）

---

[1] 郑焕斌. 伦敦雄踞欧洲数字技术中心［EB/OL］.（2015 - 06 - 18）［2018 - 12 - 27］. http://scitech. people. com. cn/n/2015/0618/c1007 - 27173903. html.

[2] London&Paretners. Record Start To 2017 For Investment Into London And Uk Tech Companies.［EB/OL］.（2017 - 07 - 05）［2018 - 11 - 26］. https://media. londonandpartners. com/news/record - start - to - 2017 - for - investment - into - london - and - uk - tech - companies.

收购输入法开发商 Swift Key；推特以 1.05 亿英镑（1.5 亿美元）收购人工智能初创公司 Magic Pony。在 2017 年上半年，英国高技术企业共收到 53 亿英镑风险投资，其中仅伦敦就收到 45 亿英镑投资①。

### 3. 拥有较强的创新能力

伦敦除了拥有世界知名高校外，还拥有大量的诺贝尔奖获得者。截至 2016 年，英国剑桥大学累计产生了 95 位诺贝尔奖获得者、牛津大学产生了 65 位诺贝尔奖获得者、伦敦大学产生了 25 位诺贝尔奖获得者、伦敦帝国理工学院产生了 14 位诺贝尔奖获得者。同时，也产生了一批震惊世界的创新成果。例如，被谷歌以 4 亿英镑收购的英国人工智能公司 Deep Mind 就诞生于伦敦，Deep Mind 在英国拥有超过 250 名人工智能专家，目前是人工智能领域的领头羊，并成功创造了震惊世界的 AlphaGo（阿尔法狗）。截至 2017 年 5 月，伦敦共获得欧盟研究理事会科研资金 9.05 亿欧元，占全英获取资金总额的 24.5%②。牛津经济研究院 2015 年 6 月的伦敦数字科技调查报告显示，伦敦数字科技板块的企业数量自"科技城"项目启动后，已增长 46%。目前拥有近 20 万名员工，比 2010 年多出 17%。科技板块员工的平均生产力亦比伦敦其他领域的员工高出一半。正因如此，伦敦连续 5 年位居日本森记财团全球城市综合力榜首。

---

① London&Paretners. Record Start To 2017 For Investment Into London And Uk Tech Companies. ［EB/OL］.（2017 – 07 – 05）［2018 – 11 – 26］. https：//media. londonandpartners. com/news/record – start – to – 2017 – for – investment – into – london – and – uk – tech – companies.

② UK Government. UK's participation in horizon 2020：May 2017.［EB/OL］.（2017 – 06 – 29）［2018 – 12 – 27］. https：//www. gov. uk/government/statistics/uks – participation – in – horizon – 2020 – may – 2017.

## （二）创新发展举措

### 1. 实施科技城（Tech City）计划，大力发展数字产业

在过去，伦敦一直是全球的金融中心，也是世界上最大的外汇交易、跨银行拆借、利率衍生性金融商品中心。但自 2008 年金融危机后，伦敦受到重挫，2009 年和 2010 年英国金融业对 GDP 贡献呈现负增长，让英国政府不再单独依赖金融业，开始发展科技产业。2010 年在英国首相卡梅伦的主导下，伦敦开始在老街区（Old Street）建设科技城，要把伦敦打造成"欧洲数字之都"。伦敦科技城一方面扶植种子项目，如 Future Fifty（旨在从政策、平台、资金等方面支持入选英国 B 轮以上发展最快的 50 家科创企业的项目），另一方面与高校联合为毕业生提供免费在线的创业培训课程的项目，同时在政策方面则实施研发税务优惠（R&D Tax Credit）等举措。2015年，伦敦科技城企业共收到 2.8 亿美元的风险投资，该领域创造的就业人数占伦敦总数的 3% 以上，数字技术产业就业人数为 20 万，占伦敦全部劳动力的 3.5%。2017 年初，伦敦政府推出一项投资 700 万英镑的数字人才计划，旨在引导英国年轻人进入数字技术产业创新领域。其中 500 万英镑来自伦敦企业合作伙伴投资，其余 200 万英镑来自欧洲社会基金。该计划特别重视女性、少数民族及弱势群体进入数字行业就职。2016 年，数字技术为伦敦经济总增值（GVA）贡献 300 亿英镑（约占 8%），提供 30 余万个岗位[①]。

---

① Tech City UK project team. Tech City UK 2017. ［EB/OL］. （2018 – 04 – 30）［2019 – 09 – 21］. http：//technation. techcityuk. com/cluster/london – 2/.

## 2. 实施智慧伦敦计划（Smart London Plan），做好城市公共服务

2013 年 12 月底，伦敦市政府为了应对城市发展中面临的问题，提出智慧伦敦计划，旨在通过"利用先进技术的创造力来服务伦敦并提高伦敦市民生活质量"，着眼应对伦敦到 2020 年将会遇到的机遇与挑战。在该计划中，除了使用技术与创新服务市民生活外，还提出"借助伦敦高科技公司与一流大学的创新能力，释放其创造能量，解决伦敦未来面临的挑战、创造新的市场机遇并向全世界输出创新"。具体措施包括：一是投资大约 2400 万英镑为中小企业提供经济实用的超高速宽带通信接入，目标是在 2016 年让22000 家中小企业受惠；二是通过"智慧伦敦出口计划"在 2016 年前支持至少 100 家中小企业发展出口业务；三是 2020 年前从事高科技行业的员工人数增加到 20 万；四是 2020 年前至少增加 10% 的"创新积极型"的企业；五是鼓励中小企业投标公共服务合同或在供给侧寻找更多商机。

## 3. 采取多种举措，吸引全球优秀创新人才

2013 年，英国贸易投资总署推出天狼星（Sirius）计划，以期吸引全球最出色的毕业生来英创业。创业团队要求必须两人以上，并且成员有一半不是英国居民，借此吸引更多优秀的外国人留在英国创业。而创业团队会得到1.2 万英镑的创业资金和相关创业辅导。同时，英国政府针对优秀的科技与数字产业人才提供免雇主担保签证，由科技城出面担保，不需雇主担保。2014 年，英国政府宣布修改移民法规，以帮助英国企业获得国际高级技术人才，主要采取设立杰出人才通道、延长高技术员工的签证期限等举措留住高端人才。2016 年，英国伦敦金融城计划设立特殊签证项目，以确保英国"脱欧"后国际金融人才得以留在或进入英国。

**4. 实施一系列优惠政策，鼓励企业研发**

早在 2003 年，伦敦市政府出台的《伦敦创新战略与行动计划（2003 ~ 2006）》中就提出要针对中小企业创新进行扶植。2012 年英国政府颁布创业贷款计划（Startup Loan Scheme）直接注入资金扶持初创企业的成立。截至 2017 年 6 月，该计划已经为 4600 余家初创公司提供了超过 3 亿英镑贷款[①]；2013 年英国政府颁布专利盒政策（Patent Box Scheme），将企业知识产权开发所得利润的企业所得税降低 10% 以鼓励创新，该政策促进了伦敦科技城的投资，并推动 GSK 公司 40 年来首次在英国建立研发中心；同时修改了 IPO 规则，进一步支持进入到成熟发展阶段的创新型企业。2014 年，英国政府后续对研发支持加计扣除比例进行调整。企业用于研发投入的经常性支出和资本性支出（土地费用除外），可以加计扣除，并提供了两种基于公司规模的激励方案，一种针对中小型企业（SME），可享受 225% 的加计扣除；另一种针对大型企业，可享受 130% 的加计扣除。税收抵免适用于处于亏损状态的中小型企业，抵免金额最高为研发费用的 24.75%。同时，中小型企业可申请 65% 与研发相关的分包合同费用税收抵免，而大公司只有在分包对象为特定对象如大学、卫生机构、慈善单位等情况下才可申请分包合同费用的税收抵免。

通过以上分析可以发现，伦敦与硅谷、波士顿具有同样的特征：一是风险投资高度活跃；二是注重发挥高校研发优势，带动周边产业发展；三是十分重视创业，出台多种举措鼓励中小企业创新；四是均在某一个或多个产业领域具有很强的主导权。同时，伦敦在 17 世纪中期是世界科学活动的中心，

---

① British Business Bank. Over 75, 000 business ideas supported with more than £ 600 million worth of loans. ［EB/OL］. （2020 - 11 - 29）［2020 - 12 - 01］. https：//www. startuploans. co. uk/.

其悠久的历史决定了它具备与众不同的特点。一方面在原始创新方面具有扎实的基础,使其在相关产业方面具备很强的主导权;另一方面注重科技与其他产业融合;同时,由于英国国内市场相对较小,倒逼科技企业走出国门,使伦敦具有很强的辐射能力。还有伦敦利用老牌全球金融中心的优势,大力发展金融科技,带动伦敦经济发展。对于北京而言,北京应积极向伦敦学习利用其他产业优势借力发展科技产业,支撑科技创新中心建设。

## 四、东京

东京都是由 23 个特别区及 26 个市、5 个町、8 个村构成的广域自治体,总面积为 2191 平方千米,截至 2015 年 10 月 1 日,人口为 1349 万,扩展至东京都市圈总人口可达 3700 万,是全球最大的都市区和都会区。东京都 GDP 占日本 GDP 总量的比重高达 19.4%。

### (一)创新发展特征

东京都是日本的政治中心、经济中心和文化中心。其最大的特点是各类创新资源高度聚焦。无论是从创新活动相关的机构,包括大学、科研院所、企业,还是从创新要素,包括人才、科技成果,东京都表现出了非常强的集聚效应。目前,东京拥有 90 多所大学,包括著名的东京大学、东京工业大学、早稻田大学、庆应大学、明治大学等,占全日本大学总数的 1/3,学生数量占日本全国的一半以上。东京都创造了全日本 PCT 专利产出的 50% 和世界 PCT 专利产出的 10%。这些创新要素在一起发酵融合，为创新活动的繁荣创造了基本条件。

汤森路透发布的 2014 全球百强创新机构榜单中，46 家亚洲机构中有 39 家来自日本，其中 22 家总部位于东京。日本具有企业内部研发活动非常活跃的特点，创新型企业在东京集聚，是东京创新生态的重要组成部分。

东京都政府的数据显示，2013 年东京都地区新创企业比例为 4.8%，政府致力于推进东京都成为世界创新动力节点，计划于 2024 年使新创企业比例达到 10% 以上（新创企业比例由当年新参加员工保险的企业数除以上年度企业数获得）。

## （二）创新发展举措

### 1. 具备连续性的政策体系

东京都政府一直致力于把东京发展为全球创新活动的一个重要中心，因此不间断地在产业、人才、社会环境建设等方面以政府出台规划、计划等方式努力发挥政府的引导作用。

2014 年，东京都政府出台了其长期愿景——要把东京建设成为世界最好的城市，涵盖基础设施、文化旅游、安全、生活支撑环境、可持续发展、引领世界等多方面的战略措施。其中"引领世界"战略要建设活跃的国际商业环境，以从全世界吸引人才、资本和信息汇聚到东京，从而使东京成为"世界上最适宜发展商业（To Do Business）的城市"。东京都政府采取的措施包括：至 2024 年，依托国家战略特区（National Strategic Special Zones）体系，在东京建立 10 个国际商业中心，计划吸引 50 家以上外国企业来此建立亚洲总部或研发中心；把东京打造成国际金融中心；建设世界生命科学商业中心；年新创企业比例达到 10% 以上；通过提供技术和产品开发支持推进中小企业进入机器人、医疗器械领域，并为中小企业进入海外市场服务等等。

具体到产业发展，东京都政府还通过三年一次的《东京都产业科学技术振兴指南》引导东京都的创新活动。从第 1 期（2004～2008 年）至第 3 期（2013～2017 年）可以看到政府支持重点的变化。第 1 期的重点任务包括打通研究开发体系中的各个环节、完善知识产权体系、打通技术转移中的各个环节、培养具有国际视野的人才等。第 2 期的重点任务转变为强化企业在国际上领先的技术优势、培养产业科学技术人才、完善东京都的科学技术体系。第 3 期进一步变化，重点任务为推动科学技术在产业界的应用、支持优秀科学技术发展、使科学技术观念深入社会等。十几年的指南，显示了东京都政府从创新链条中的单个环节向整个链条完善，从实体的科技创新活动到全社会的观念认知的过程。

从政府的社会经济发展总体战略到产业的发展指南，东京都政府基于东京发展的现实变化不断调整其政策着力点，以契合创新发展的需求。

**2. 官产学合作机制的优势**

日本自 20 世纪 60 年代起就开始重视科技与经济的合作，至 20 世纪 90 年代官产学合作得到普遍认可，长久以来，官产学合作机制在日本的创新体系中发挥着重要的作用，在东京都的区域创新体系中同样如此。

（1）多项法律保障官产学合作，促进技术转移。1998 年 8 月《大学等机构技术转移促进法》（TLO 法）开始施行，政府采取一系列的产学官合作推进措施，加强大学和产业界的联系。通过这些新举措，产学关系更加透明化，更有效地为大学创造出的知识增加社会附加值。1999 年《产业活力再生措施法》制定，加强了知识产权保护。2000年颁布《产业技术力强化法》，放宽了对国立大学教师兼任董事的限制，规定了专利费的减免措施。2002年的《知识产权基本法》，强调知识产权立国。2006年出台新的《教育基本法》，规定在教育、研究之后，研究成果的社会返还是大学的又一使命。①

（2）制度保障紧随法律步伐。在各项法律对产学官合作有据可依的同时，相应的制度建设也没有缺位。例如，日本政府推行产学官合作协调员制度，通过政府出资为大学组织内的产学合作机构选聘"协调员"，并以文部科学省产学官合作协调员的身份，配置在技术转让机构、高科技市场等中介机构及行业协会，积极发挥其桥梁作用。又如，综合科学技术创新委员会还组织产学官合作会议，及时对产学官合作机制、政策等进行调整。

（3）实体中介机构大力推进技术转移转化。谈到科技成果的转化应用，不可忽视日本国家级的技术转让机构（TLO），它于1999年由政府开始设立，在2013年底达51家。TLO的组织形式多样化，包括财团法人、大学法人内组织、股份有限公司、有限责任公司等形式。其主要职责包括发掘、评价大学研究人员的研究成果；在向专利局申请的同时使之专利权化；让企业使用这些专利权（实施许可）；作为对等条件从企业收取使用费，并把它作为研究费返还给大学及其研究者（发明者）。在国家层面之外，大学也设立自己的机构，如早稻田大学设有研究合作与推进中心（Research Collaboration and Promotion Center），在其之下设有技术转移机构、创业孵化推进室，技术转移机构后被认定为TLO；创业孵化推进室的主要活动是支持风险创业，提供大学的实验装置、管理指导与咨询、融资支持、与外部企业的合作

---

① 唐向红，胡伟. 日本产学官合作机制分析及启示［J］. 东北财经大学学报，2012（3）：29－34.

等。早稻田大学网站上的数据显示，2011～2015年，通过研究合作与推进中心实现的技术转移每年在80项左右。

（4）产业协会呈现官产学合作平台功能。以筑波科学城所在的爱知县的机器人产业发展为例。2015年11月，爱知县成立机器人产业推进委员会，有259名会员，包括县政府代表、经济产业省驻爱知县代表、企业代表和高校代表。企业代表包括丰田汽车、安川电机等知名企业，高校代表包括名古屋工业大学等，爱知县知事本人担任协会的会长。机器人产业推进委员会每年举行一次全体会员大会，以决定产业发展的方向性问题，如第一次会议议题是"爱知县发展哪种类型的机器人产业"；每三个月召集一次主题会议，探讨产业发展中的不同议题。机器人产业推进委员会是日本该领域的主要社团，它参与制定日本国内机器人业界行业的基本政策，包括制定机器人战略、蓝图、研究、普及等工作以及金融税收相关法案等，帮助机器人企业在金融和税收方面获得更多政策上的倾斜。此外，还负责行业宣传广告以及举办各种展会，包括机器人产业的调查研究、参与推进机器人工程产业的振兴和认证工作等①。这个平台不仅成为了产业政策自下而上的建议渠道，而且有效地把产业相关主体都聚集了起来，促进产业内的合作与信息交流。

由此可见，东京是一座集政治中心、文化中心、金融中心与科技创新中心为一体的国际性大都市。它的资源聚集的强度超过硅谷，也超过纽约。作为一个超大型城市，其科技创新中心方面的发展是北京可以学习借鉴的。从日本国家层面到东京都层面，连续而稳定的科技、产业政策体系对于东京企业创新活动、科技成果转移转化、官产学研合作等都是非常重要的一项保

---

① "超级协会"："产学官"合作的隐身人［N/OL］. 南方日报, 2016–08–23. http://news. sina. com. cn/o/2016–08–23/doc–ifxvctcc8282839. shtml.

障。东京具有介于西方城市和中国城市之间的特征，在城市发展上，较西方城市有更强的政府指导，却又不及中国各区域政府干预的强度大，这正是东京这座半政府推动式的科技创新中心的显著特点和成功所在。

# 五、特拉维夫

特拉维夫市区面积为 51.76 平方千米，人口 40 万，主要为犹太人。它是以色列的第二大城市，虽然不是首都，但大部分国家的大使馆设置于此。特拉维夫是以色列的商业、金融、科技中心①。因为特拉维夫集中了以色列大部分高科技企业，又被称为硅溪。

特拉维夫的集聚能力不亚于上述任何城市，除了对创新企业、高科技企业的集聚之外，特拉维夫有着上千名世界级软件工程师、上百家跨国公司、大多数在以色列的跨国企业研发中心以及经验丰富的创业者和投资人。中国的深圳清华研究院也在特拉维夫设有中心。

## （一）创新发展特征

### 1. 创业活动高度活跃

特拉维夫被誉为"创新创业"之城，其创业活跃度仅次于美国硅谷。在特拉维夫，1/3 人口是 18～35 岁的年轻人，每平方千米有 19 家创业公

---

① 聂永有，殷凤等. 科创引领未来——科技创新中心的国际经验与启示［M］. 上海：上海大学出版社，2015.

司,每431人中就有1人在创业①。占据以色列60%以上的种子期创新企业,人均风险资本投资额远高于其他国家,每年有40多家创新企业被微软、谷歌、英特尔等高科技企业收购。特拉维夫的创业企业国际化程度较高,约74%的客户来自海外②。以色列理工学院的统计显示,他们每年1/4的毕业生都会选择创业。不仅本土大学毕业生热衷创业,很多年轻人,从欧洲,从法国、德国来到这里,开始他们的创业③。Geektime的 *Annual Report* 2015: *Startups and Venture Capital in Israel* 中提到,2015年,以色列新创立的公司总数升至1400家,其中,373家公司的融资总额约为35.8亿美元(仅计算那些募集的资金在50万美元以上的融资),69家公司被以54.1亿美元的总价出售。除了2014年和2015年实施IPO交易的公司数量一样外,其他所有数据均表明以色列创业生态在2015年取得了全面增长。

**2. 创新发展呈上升态势**

2014年,以色列全年有3389家创新企业登记注册,特拉维夫就有972家。2012~2014年,在特拉维夫创新企业的数量增加了40%,同时,国际跨国公司在特拉维夫设立的研发中心从34家增加到49家。同期,各种创新中心、公共工作空间、加速孵化器的数量也从21家增加到50家,在特拉维夫逐渐形成了互联网、通信、信息技术与软件和生命科学四个主要的产业集群。从初创企业融资金额的领域看,互联网、通信、信息技术与软件以及生命科学分别占47%、18.4%、19.3%和10.8%。很多国际投资人关心的高

① "以色列硅谷"特拉维夫带来的创新启示 [EB/OL]. http://zh.southcn.com/content/2017-06/29/content_173450241.htm.
② 腾讯科技.2016互联网创新创业白皮书 [EB/OL]. (2016-09-22) [2018-07-19]. https://tech.qq.com/a/20160922/026189.htm.
③ 全球经验·以色列如何促进产学研创新 [EB/OL]. http://news.163.com/17/0621/06/CNEG37FN00018AOP.html.

科技项目投资金额也是年年创新高。自 2010 年到 2013 年高科技创新企业投资退出的成交金额总额为 33.9 亿美元，逐年成交金额分别为 3.4 亿美元、9.7 亿美元、5.5 亿美元和 15.1 亿美元[①]。

## （二）创新发展举措

### 1. 拥有良好的创业孵化体系

一是当地政府创业者提供的图书馆共享工作空间相当于"创客空间"，位于特拉维夫最具有吸引力的创业商业区中心。任何有创业想法的人，都可以通过递交申请，获得入驻的机会，时间可以达到 6 个月，每人每月收费约为人民币 425 元，可以享受所有图书馆内的设施与资源。二是市政府对新创企业实行一揽子优惠与鼓励政策。对于新创公司，特拉维夫实施了税收降低 50% 的优惠政策，这对于早期创业非常重要。三是政府推出了一个专门的服务于创业者的网站，将各种更有利于创业的信息都公开出来，如各种政策、投资机构信息、所有初创企业类别以及联系方式、所有研发中心研究领域以及联系方式等。四是政府还要求并鼓励世界顶级跨国企业如谷歌、微软、通用等，给予初创企业相应的参观、辅导与学习机会。五是特拉维夫市政府每年会举办几场大型的创业活动。在活动期间，整个城市弥漫着一种"节日"一般的氛围，最盛大的一个创业活动，当属特拉维夫创业公司开放日，每年举行一次，时间选在 9 月底到 10 月。

### 2. 反阶层理念对创新活动的激励

具有明显等级差异的地方，无可避免地会存在高等级对低等级的强制、

---

① 魏莱. 特拉维夫：从创新走向创新城市经济生态制度设计 [EB/OL]. （2015 - 09 - 21）[2018 - 06 - 17] . https：//world. huanqiu. com/article/9CaKrnJPBAN.

低等级对高等级的服从，存在不同等级间交流的成本（不论是时间成本还是经济成本）等。这些对创新来说绝不是正面因素。以色列却可以说是最没有等级差异的地方，阿莫斯·奥兹说："怀疑和争辩——这是犹太文明的特征，也是今天的以色列的特征。"

以色列人对上司、权威往往会直接质问，不会因为等级而有所顾虑。这也是在各种研究以色列的文章中经常描述到的，在一个不同层级的人参加的会议上，所有人都会不停地质疑、争辩、讨论，看不出领导与员工的差别。

正因为没有等级差异的概念，员工往往具备更加强烈的责任感。也就是说，一个企业最底层的员工在遇到问题的时候，不会单纯以所在岗位小小的职责去要求自己，而是会从更高层的需求出发去面对问题。在高级人员缺位的情况下，底层人员也不会无所适从，反而仍然会积极地解决问题。

从另一角度来看，这是对于个人价值的一种认同，认同力量所推动的自信，对于创新是一剂强心剂。因此，在以色列军队中，士兵可能会指责指挥官的战略，代之提出自己的方案，这种现象同样发生在企业。

**3. 跨界融合习惯有利于创新活动产生**

当前的创新多在跨领域的中间地带发生，从产业角度来看，不同产业相交叉延伸出新的细分产业已成为当前的重要趋势。以色列的"跨界"特性在多个方面都有体现。

一是多民族基础使以色列具备极大的文化包容性。以色列的人口成分之多在世界上是数一数二的，包含了70多个不同的民族。以色列自1948年建国以来，曾通过多次运动从其他国家把犹太人运到以色列，这些人成为以色列经济崛起的重要力量。有的犹太移民来自伊拉克，有的来自波兰或者埃塞俄比亚，他们讲着不同的语言，有着不同的教育、文化和历史背景，至少最近 2000 年的历史都不相同，这些使以色列人对于不同文化的接受度非常高。

二是个人成长过程中注重体验多样经历。据军事历史学家爱德华·勒特韦克的粗略估计，大部分以色列人在 35 岁的时候就已经游历过 12 个国家。这种主动式寻求接触多文化的行动，对于以色列青年的成长非常重要。多文化的游历不仅可以开阔以色列青年的眼界，也会增强他们与不同文化背景的人交往的能力。

三是拥有跨学科知识体系的个人与企业成为以色列的一大亮点。从个人来说，许多以色列人都具有多学科背景，尤其在创新创业活动中的人，这非常有利于面向问题的创新。有人认为，这与以色列人都要服兵役有很大的关系，在军队中，很多时候他们面对的是一项具体的问题，而不是某一单一学科就可以解决的。同时，以色列军队在一定程度上缺乏其他国家军队的明确分工的特征，个人则被要求具备更多的能力。延伸到企业中，以色列企业的"跨界"经常让人觉得匪夷所思，例如一家公司可能同时在研究光纤、海藻和人工胰脏，但是这种多领域的并存，给交叉领域的创新提供了土壤，研发出了可用于肠胃疾病检验的无痛胶囊照相机等。

### 4. "熟人社会"人际网络降低沟通成本

特拉维夫市人口仅为 40 万，且大多为犹太人。他们非正式的圈子很多，如小社团、共同服务兵役、空间上的邻居等，可以说大部分人生活在相互重叠的圈子里，如果你想创业，可以通过私人关系很快找到投资人或合伙人。这很像 20 世纪费孝通在《乡土中国》中提出的"熟人社会"一般指人与人之间有着一种私人关系，人与人通过这种关系联系起来，构成一张张关系网。在"熟人社会"中以色列的创新活动极其活跃，"熟人好办事"的积极作用不可忽略。

与我们国家努力远离"熟人社会"、建立法制社会不同，以色列似乎在反其道而行之。我们印象中的"熟人社会"以"背景"和"关系"为关键词，对于有效率的商业活动起到的是不利的影响。但是，以色列似乎恰当地利用了"熟人社会"可以降低沟通成本的好处，却并没有受到与之相随的负面因素的影响。这里不可不提，以色列人把他们经济体和商业的信誉看作是国家的自豪，而且个人也非常注重自己诚信的形象，这种自律有效消除了"熟人社会"可能带来的负面作用。

**5. 犹太人网络带来的全球资源**

在以色列公民中，国外出生的人占整个国家人口的1/3以上，这个比例差不多是美国的外国人占本地人比例的3倍。10个以色列犹太人中有9个要么是移民，要么就是移民的第一代或者第二代后裔。

以色列是历史上第一个在建国宣言中明确表明需要一个自由的移民政策的国家。1948年，《以色列建国宣言》称："最近降临到犹太人头上的灾难——对数百万欧洲犹太人的屠杀——让我们意识到了另一件急迫的事，必须解决无家可归的问题……以色列将会对犹太移民敞开大门……"1950年，以色列新政府颁布《回归法》（Law of Return），至今这项法律仍保证"每个犹太人都有权回到这个国家"，而且没有任何数量限制。

在这种"欢迎回来"式的移民政策环境下，苏联解体后，大批苏联犹太人迁移到以色列，其中有大量的科学家、技术工程人员。另外，大量通过留学等方式在美国、欧洲等地生活多年的人，一旦决定回到以色列，往往带回大量的优质资源。例如，思科美国之外的第一家研发分支机构就开设在以色列，起因是在思科工作了11年的工程架构主管——以色列人迈克尔·劳尔（Michael Laor）决定回到以色列，思科公司不愿失去这位优秀的工程师，从而让劳尔以思科的名义在以色列开设一个研发中心。

**6. 产业选择的审时度势**

以色列发展高科技一方面是受制其贫瘠的自然资源无法发展传统的工业，另一方面却是面向以色列国家的重大问题的破局途径。如以色列之所以在沙漠农业、滴水灌溉、减少土壤盐分、废水再循环等领域在世界上处于领先地位，正是因为以色列水资源紧张、农业土地资源匮乏。以色列以"明知不可为而为之"的精神大力开展这些领域的科学研究，以科技之力成功开辟了沙漠农业道路。此外，以色列在语音识别、通信、计算机、光学等领域的技术领先，原目的是解决军事上的问题。

同时，由于以色列始终不够稳定的政策环境，使其倾向于发展不限制边界、距离和运输的高科技产业，例如通信、软件等。

由此可见，以色列具有鲜明的既属于中东国家又属于犹太人的文化物质，在这样的文化土壤之上，公民个体、政府当局采取了适宜创新的行动与措施，造就了当前的以色列特拉维夫。整体而言，创新要素的聚集是成为创新中心的基本条件，但在这样的基础上能否发展成为科技创新中心，则还受到其他诸多要素的影响。而特拉维夫反阶层理念、对失败的包容、人际网络等文化特质在此发挥了巨大的作用。

战略篇

当今世界，科技创新城市特别是高等级的全球科技创新中心，是一个国家综合科技实力的集中体现和核心依托。积极打造具有全球影响力的科技创新中心，已成为许多国家和地区提升国家综合实力和应对新一轮科技革命的重要举措。

党的十八大以来，党中央着眼实现两个一百年奋斗目标，在部署"四个全面"战略布局、经济社会发展进入新常态的大背景下，提出"科技创新是提高社会生产力和综合国力的战略支撑，必须摆在国家发展全局的核心位置"。

面对日趋激烈的国际竞争和新科技革命浪潮，处在和平崛起关键时期的中国，实施创新驱动发展战略迫切需要建设一批高等级的科技创新中心来引领未来百年发展，确立并巩固在未来世界体系中的主导地位，从而把我国建设成为世界科技强国。

# 一、战略环境

## （一）国内外宏观形势

当今世界正经历百年未有之大变局，国内外环境发生深刻复杂变化，面临世界新一轮科技革命和产业变革同我国转变发展方式的历史性交汇期，伴随国家推进"四个全面"战略布局和实施创新驱动发展战略、京津冀协同发展战略的实施,"十四五"时期以及更长时期国际科技创新中心面临一系列新挑战、新机遇。

一是百年未有之大变局对国际科技创新中心建设提出了新挑战。未来处于特殊时期,世界面临百年未有之大变局,外部发展环境更加错综复杂,世界各国特别是中美科技和产业创新竞争更趋激烈,科技创新成为引发国际格局和治理体系重构的核心变量。2020年5月14日,中共中央政治局常委会会议首次提出"深化供给侧结构性改革,充分发挥我国超大规模市场优势和内需潜力,构建国内国际双循环相互促进的新发展格局"。"十四五"时期是我国从创新型国家行列向创新型国家前列迈进、加快科技强国建设的关键时期,是增强改革创新本领、提升科技创新治理能力的关键时期,是突破大国战略遏制和加快实现科技安全的关键时期。面临百年未有之大变局和双循环格局建设,伴随中美贸易战和科技战逐渐升级,新的时期需要新的战略。国际科技创新中心建设要找准定位坐标,对关键领域的突破做出战略性安排,加快构筑支撑高端引领的先发优势,在新兴前沿交叉领域成为开拓者,实现高质量发展,为科技强国建设做出更大贡献。

二是新一轮科技革命和产业变革对国际科技创新中心建设带来新机遇。新一轮科技革命和产业变革孕育新的发展机遇,前沿科学和颠覆性新技术加速发展,信息技术与生物技术不断融合,人工智能、量子信息、区块链、脑科学、基因编辑等新兴技术加速迭代。科研范式和组织模式正在重构,跨学科的"链式反应"特征明显,高速移动互联+人工智能将成为未来社会主流图景,科技的渗透性、扩散性、颠覆性特征,伴随当前的全球产业链分工模式的瓦解,正在对全球产业体系、经济发展方式、治理规则等产生深刻影响。面对科技创新和产业发展新趋势，世界主要创新型国家和地区纷纷实施创新驱动发展战略，力争抢占未来经济、科技发展的先机。

三是减量发展背景下对原始创新引领首都经济社会高质量发展提出了新要求。未来北京实现城市更新和高质量发展面临诸多问题和挑战：经济下行压力加大，原始创新能力不足，科技创新支撑产业发展驱动力不够，发展新动能还需大力培育；人口资源环境矛盾依然突出，治理"大城市病"、打好污染防治攻坚战等还需持续用力；科技创新能力和科技创新治理体系和机制能否适应新时代要求面临深刻挑战，制度建设和治理能力建设需要下更大功夫。同时要加强"一核两翼"联动发展，与粤港澳大湾区、上海实现良性竞合发展。国际科技创新中心需要探寻新的发展动能和发展路径，积极探索新路子，积极推进经济发展质量变革、效率变革、动力变革，引领和支撑经济高质量发展。

四是"两区"建设为国际科技创新中心建设带来重大战略机遇。在全球疫情和世界经济形势严峻复杂、我国发展面临的风险挑战前所未有的特定背景下，北京建设国家服务业扩大开放综合示范区和中国（北京）自由贸易试验区，要发挥全面深化改革和试验最高水平开放政策的独特优势，引领国内产业升级、提高其在全球产业链上的位置和势能成为新的要求和使命，需要打造法治化、国际化、便利化营商环境，通过科技创新从源头上补链强链，依靠产业链集成创新进一步稳链固链，提升产业链供应链的先进性、稳定性和竞争力。国际科技创新中心建设要发挥好"两区"建设的政策利好，围绕推动投资贸易自由化便利化、深化金融领域开放创新、推动创新驱动发展、创新数字经济发展环境等方面加强推进。

## （二）全球科技发展趋势

### 1. 趋势一：新一轮科技革命成为全世界竞争的焦点

（1）科技革命理论依据和阶段性特点分析。

当前我们正处于新一轮科技革命爆发的窗口时期。科技史表明，平均每100年爆发一次科技革命，每次科技革命持续约60年。第一次科学革命影响力持续了300余年，与技术革命爆发间隔大概100年；第二次科学革命与新的技术革命爆发间隔缩短大概至70年。由此推测，在2010～2050年是第四次技术革命爆发的窗口期。另外从当前科学技术发展态势来看，量子论与相对论所建立的理论体系尚未终结，根据该理论形成的量子计算、量子通信等相关技术仍然处于科学发展前沿，拥有顽强的生命力；在宇宙演化方面，揭开暗物质、暗能量之谜等基础科学领域，虽取得重大突破但仍然处于探索之中，新的颠覆性基础理论体系也尚未产生。与此同时，一些重大颠覆性技术创新正在创造新产业新业态，信息技术、生物技术、制造技术、新材料技术、新能源技术广泛渗透到几乎所有领域，带动了以绿色、智能、泛在为特征的群体性重大技术变革。这也表明，当前我们正处于第四次技术革命爆发的窗口期。

哲学高潮是科技革命爆发的思想先导。哲学是科学之母，哲学高潮（也可称之为哲学革命）是科技革命爆发的思想先导。这是因为具体的科学理论都有特定的哲学观为其基础，而当旧的科学理论被颠覆建立新的科学理论时，就必须找到新的哲学观作为基础。正如库恩所阐述的那样："在公认的危机时期，科学家常常转向哲学分析，以此作为解开他们领域中的谜的工具。"当科学家开始从事哲学家的事情，运用哲学的方法思考科学问题时，哲

表 1-1　历次科技革命大致时间

| 序号 | 科技革命 | 大致时间 |
| --- | --- | --- |
| 1 | 第一次科学革命 | 1543～1687 年 |
| 2 | 第一次技术革命 | 1733 年至 18 世纪末 |
| 3 | 第二次技术革命 | 1832 年至 19 世纪末 |
| 4 | 第二次科学革命 | 1900～1926 年 |
| 5 | 第三次技术革命 | 1946 年至今 |

学高潮自然而然地就产生了，当科学危机解除时，科学革命也便随之而来。由此不难看出，在危机时期，科学家的哲学分析是摆脱旧范式建立新范式的有效工具，哲学高潮为科学提供了新的认识论和方法论。另外，哲学总是超前于科学的，是科学的"潜伏期"，能够对科学理论研究有所启迪。譬如，古希腊的原子论对现代原子论的启迪，笛卡尔的运动不灭原理对能量守恒定律的启迪等①。同时，从哲学史和科学史来看，哲学活动中心的转移往往比科学中心的转移超前 50～60 年。以上充分表明，哲学高潮是科技革命爆发的思想先导。

　　科学危机和经济危机是科技革命爆发的诱因。从科学自身发展来看，科学危机通常引起科学革命。按照库恩"科学革命的结构"理论，当常规科学的发展遇到了公认的反常的现象，当旧的范式不能很好地解决一个引起关注的问题时，危机就日益加重，科学革命便应运而生。如当发现牛顿的万有引力无法解释微观世界运动规律时，危机便开始出现，直至爱因斯坦的量子论和相对论的提出并被人们所接受，于是新的科学革命爆发了。但需要特别说明的是，我们这里所谈的科学革命是广义的，不是狭义的某一学科的革命，

---

　　① 魏屹东，郭贵春. 科学中心转移现象的社会文化语境分析［J］. 科学技术哲学研究，2001，18（6）：52-55.

表 1-2　历史上科学中心与哲学思潮基本概况

| 序号 | 国家 | 科技革命 | 科学中心时间 | 哲学中心时间 | 哲学高潮 |
|---|---|---|---|---|---|
| 1 | 意大利 | 第一次科学革命 | 1540～1620 年 | 1480～1640 年 | 复兴古希腊哲学思想，反对经院哲学的教义，造成了前所未有的智识发酵和科学探索中可贵的自由探讨精神 |
| 2 | 英国 | 第一次技术革命 | 1660～1750 年 | 1660～1750 年 | 培根创立了以强调实验方法和归纳逻辑为基本特征的唯物主义哲学体系，涌现托马斯·霍布斯和约翰·洛克等唯物主义哲学家 |
| 3 | 法国 | 第二次技术革命 | 1760～1840 年 | 1710～1820 年 | 以狄德罗为代表的唯物论哲学的兴起，一方面继承了以往哲学的积极成果，汲取了笛卡儿物理学中的唯物论因素和洛克的唯物论经验论，另一方面又概括了当代科学的最新成就，用唯物论的哲学思想统率科学材料 |
| 4 | 德国 | 第二次科学革命 | 1840～1910 年 | 1840～1910 年 | 德国古典哲学的兴起，第一次揭示了整个自然、社会和思维世界是一个永恒的运动、变化、转换和发展的辩证过程 |
| 5 | 美国 | 第三次科技革命 | 1920 年至今 | 1756～1865 年 | 第二次世界大战中断了德国科学的发展道路，随着大批顶级科学家和哲学家（相当大的部分来自德国）迁居美国，兴起了以皮尔士为代表的实用主义哲学，调和唯物主义和唯心主义、科学和宗教等对立的理论 |

而广义的科学革命往往是由当时科学理论体系基础学科革命所引起的，如数学革命引起了第一次科学革命、物理学革命引起了第二次科学革命等。从技术自身看，技术作为生产力，技术革命往往在大规模的经济危机中孕育。这是因为技术创新是决定资本主义经济实现繁荣、衰退、萧条和复苏周期过程的主要因素。技术创新必然会带来产业的繁荣，而繁荣必定衰败，其根本原

因就是新一轮的技术创新缺失。如第一次技术革命（蒸汽机革命）使铁路建设大规模兴起，但到 1857 年美国、德国由于铁路建设过度膨胀，最先爆发了经济危机，并很快冲击到英国和法国，立即形成了新一轮的资本主义世界经济危机。这表明，经济危机与技术革命总是如影随形，一次经济危机既宣告了旧的技术革命的谢幕，同时也昭示了新的技术革命的登场。因此，也有部分学者将 2008 年金融危机后兴起的数据、物联网、3D 打印、人工智能等新兴技术称为第四次技术革命。

现实重大需求是科技革命爆发的沃土。恩格斯说："社会上一旦有技术上的需要，则这种需要就会比十所大学更能把科学推向前进。"科技革命也是如此，其首先爆发和突破的领域往往具有紧迫和现实的重大需求。在古代，天文学与人们的生产生活密切相关，同时在西方天文学领域又充斥着两种不同的宇宙观，新旧思想的斗争十分激烈，于是便在天文学领域爆发了第一次科学革命。技术革命更是如此，资本主义的大规模发展，为了不断满足市场的需要，扩大生产，爆发了蒸汽机革命和电力革命。第二次世界大战原子能、电子计算机、火箭技术三大尖端成果的发明使用，更是刺激了第三次信息技术革命的爆发。

科技体制机制创新是科技革命更迭的表现。科技体制（包含科学建制）与科学技术研究活动的本质相当于生产关系与生产力，科技革命爆发使科学技术研究活动呈现新的形态和高度，科技体制也必须要适应各类研究活动的开展。在第一次科学革命初期，科学研究活动多以科学家单枪匹马、幽居独思的活动方式为主。但随着近代科学的不断发展，开始作为一种社会建制率先在欧洲国家确定起来，开创了科学社会化的发展道路，意大利佛罗伦萨科学社（1657 年）、英国皇家学会（1662 年）、法国皇家科学院（1666 年）

等科学组织相继成立，科学研究开始成为独立的社会职业①。到了第二次科学革命前后，科学技术研究职业化和机构化的特征更加显现出来。第二次技术革命前后，企业实验室开始出现，如德国吉森化学实验室、英国卡文迪什实验室等，科学技术研究开始以科学家群体或集团合作交流的研究方式开展②。特别是第三次技术革命前后，分工协作、整体推进的"大科学"特征更加凸显，如曼哈顿计划、阿波罗计划等大科学计划的出现，科学技术研究活动开始成为一项国家组织的系统工程。近年来，一些如人类基因组计划等多国联合牵头的国际大科学技术活动更是人类科学史上伟大的壮举之一。

（2）国内外科技创新发力导致前所未有的激烈竞争。

抢占新一轮科技革命的首发权竞争日益激烈。科技革命往往能够引发大国兴衰和世界格局调整。科技革命推动了世界现代化，也为国家现代化提供了战略机遇。抓住机遇的国家，能够保持世界先进水平或者后来居上；忽视或失去机遇的国家，一般表现平庸，甚至国际地位下降。从当前国际科技发展态势来看，各科技强国纷纷加强创新战略部署，积极探索体制机制创新和制度变革，为科技革命和工业革命保驾护航，以有效支撑、促进、催化科技创新的重大突破，催生技术创新集群。如 2015 年 10 月底，美国国家经济委员会和白宫科技政策办公室联合发布了新版《美国国家创新战略》，主要大力支持九大战略领域。2015 年 11 月，美国战略与国际研究中心发布题为《国防 2045：为国防政策制定者评估未来的安全环境及影响》的评估报告，对未来可能要产生新兴技术和颠覆性技术的领域进行了预判③；日本、英国、俄罗斯等国也不甘落后。2013～2015 年，日本进行了第 10 次技术预

---

① 刘则渊. 现代科学技术与发展导论［M］. 大连：大连理工大学出版社，2003.
②③ 尹丽波. 世界智慧城市发展报告（2016～2017）［M］. 北京：社会科学文献出版社，2017.

测，得出了 5 个主要结果，分别是 10 个最重要的技术方向、10 项未来竞争的关键技术、10 项不确定性最强的技术、10 项非连续性最强的技术、10 项对社会伦理影响最深的技术。2010 年，英国发布了第三轮技术预见中技术与创新未来项目的预见报告——《技术与创新未来：英国 2030 年的增长机会》，对英国面向 2030 年的技术发展进行了系统性预见。俄罗斯国立高等经济大学研究提出了 2030 年七大领域发展方向①。

面对历史机遇，我国已吹响建设世界科技强国的号角。回顾近代以来的科技发展史，我国屡次与科技革命失之交臂，由世界强国沦为任人欺凌的半殖民地半封建国家。新中国成立以来，党中央高度重视科技事业，经过不懈努力，取得了举世瞩目的伟大成就。党的十八大以来，我们国家强调要坚定不移贯彻科教兴国战略和创新驱动发展战略。习近平总书记曾鲜明地指出："必须增强忧患意识，敏锐把握世界科技创新发展趋势，紧紧抓住和用好新一轮科技革命和产业变革的机遇，不能等待、不能观望、不能懈怠。"中科院早在 2010 年即开展《创新 2050：科学技术与中国的未来》等第六次科技革命的预测。科技创新的不断出现与发展是科技革命发生的必然前提，科技创新的重大突破和加快应用将重塑全球经济结构，使产业和经济竞争的赛场发生转换。习近平总书记指出："面对科技创新发展新趋势，世界主要国家都在寻找科技创新的突破口，抢占未来经济科技发展的先机。我们不能在这场科技创新的大赛场上落伍，必须迎头赶上、奋起直追、力争超越。"习近平总书记强调："科学技术从来没有像今天这样深刻影响着国家前途命运，从来没有像今天这样深刻影响着人民生活福祉。中国要强盛、要复兴，就一

---

① 尹稚. 科技创新功能空间规划规律研究［M］. 北京：清华大学出版社，2018.

定要大力发展科学技术，努力成为世界主要科学中心和创新高地。形势逼人，挑战逼人，使命逼人。我们比历史上任何时期都更需要建设世界科技强国！我国广大科技工作者要把握大势、抢占先机，直面问题、迎难而上，瞄准世界科技前沿，引领科技发展方向，肩负起历史赋予的重任，勇做新时代科技创新的排头兵。"

**2. 趋势二：颠覆性技术不断涌现，多点爆发、群体突破态势愈加明显**

（1）新技术的不断突破和应用推动新一轮技术革命的到来。

当前我们正处于新一轮技术革命的窗口期，以人工智能、量子技术、5G及5G+技术、信息安全、物联网、区块链等为核心的信息技术成为率先渗透到经济社会生活各领域的先导技术，将促进以物质生产、物质服务为主的经济发展模式向以信息生产、信息服务为主的经济发展模式转变。生物技术将创造新的经济增长点，材料技术、空间技术、深海技术将产生一系列重大创新成果，拓展生产和发展空间，提高人类生活水平和质量。能源技术发展将为解决能源问题提供主要途径①。

科技更加以人为本，绿色、健康、智能成为引领科技创新的重点方向。未来科技将更加重视生态环境保护与修复，致力于研发低能耗、高效能的绿色技术与产品。以分子模块设计育种、加速光合作用、智能技术等研发应用为重点，绿色农业将创造农业生物新品种，提高农产品的产量和品质，保障粮食和食品安全。基因测序、干细胞与再生医学、分子靶向治疗、远程医疗等技术大规模应用，医学模式将进入个性化精准诊治和低成本普惠医疗的新阶段。智能化成为继机械化、电气化、自动化之后的新工业革命，工业生产

---

① 《中国创业孵化30年》编委会. 中国创业孵化30年：1987-2017［M］. 北京：社会科学文献出版社，2017.

向更绿色、更轻便、更高效的方向发展。服务机器人、自动驾驶汽车、快递无人机、智能穿戴设备等的普及，将持续提升人类生活质量，提升人的解放程度。科技创新在满足人类不断增长的个性化多样化需求、增进人类福祉方面，将展现出超乎想象的神奇魅力①。

（2）多学科交叉融合是催生新技术产生的重要因素。

多学科交叉融合可望催生新的重大科学思想和科学理论。新一轮科技和产业革命的方向不会仅仅依赖于一两类学科或某种单一技术，而是多学科、多技术领域的高度交叉和深度融合。"学科交叉点最有可能产生重大突破，使科学发生革命性的变化"已经成为科技界的普遍共识。纵观诺贝尔奖的百年评选历程，有54.3%的获奖者属于交叉学科（见表1-3），例如达尔文的进化论就是生物学、地理学和人类学等多学科交叉领域。这说明具有鲜明学科交叉、融合特点的研究领域在科技创新中具有独特优势②。

表1-3　诺贝尔自然科学奖交叉成果情况

| 颁奖年代 | 1901~1920年 | 1921~1940年 | 1941~1960年 | 1961~1980年 | 1981~2000年 | 2001~2018年 | 小计 |
|---|---|---|---|---|---|---|---|
| 颁奖项数 | 50 | 60 | 63 | 81 | 72 | 57 | 383 |
| 交叉成果项数 | 16 | 25 | 33 | 48 | 47 | 36 | 205 |
| 所占比例（%） | 32.0 | 41.7 | 52.4 | 59.2 | 65.3 | 70.8 | 54.3 |

就具体领域而言，当前无论是政府还是学界对新一轮科技革命爆发的领域和方向均做出一定的预测，总体来看，可能在人工智能、量子信息、先进制造、能源等领域率先取得突破。

① 方光正，聂卫东. 公司战略与风险管理理论、实务与案例［M］. 西安：西安电子科技大学出版社，2016.
② 翟亚宁. 科技革命中政府的作用及启示［J］. 世界科技研究与发展，2019，41（3）：271-280.

表 1 - 4　关于新一轮科技革命的主要论断

| 序号 | 人物 | 预测领域 |
|---|---|---|
| 1 | 习近平 | 人工智能是引领这一轮科技革命和产业变革的战略性技术，具有溢出带动性很强的"头雁"效应<br>以人工智能、量子信息、移动通信、物联网、区块链为代表的新一代信息技术加速突破应用，以合成生物学、基因编辑、脑科学、再生医学等为代表的生命科学领域孕育新的变革，融合机器人、数字化、新材料的先进制造技术正在加速推进制造业向智能化、服务化、绿色化转型 |
| 2 | 王志刚 | 人工智能、互联网、大数据与传统的一些物理、化学、机械等（学科）相结合，可能是新一轮的科技革命 |
| 3 | 白春礼 | 普遍认为新的突破可能正孕育在能源与资源、信息网络、先进材料和制造、农业、人口健康、基本科学问题六大领域 |
| 4 | 何传启 | 整合和创生生物学、思维和神经生物学、生命和再生工程、信息仿生工程、纳米仿生工程 |

**3. 趋势三：科学、技术、产业之间的转换周期越来越短**

（1）科学新发现到技术革命的周期迅速缩短。

科学新发现到技术革命的周期越来越短，节奏越来越快，呈指数式进步趋势。比如说，从 20 世纪初爱因斯坦提出狭义相对论到第一颗原子弹爆炸相距 40 年。但现在，从人类基因组获取全部 DNA 编码到技术层面的免疫疗法问世和基因编辑只需要 20 年[①]。

技术革命成果推动产业进步越来越细密，无孔不入，并呈现渗透式发展的趋势。比如说，大数据进入电商、物流、公共管理、国家安全等各个领域，提高了效率、降低了成本、减少了失误[②]。

（2）技术革命对产业的影响越来越显著。

技术革命对产业经济的影响越来越显著。一项新技术问世很快就能

---

[①]　新一轮科技革命正重塑世界科技竞争格局［EB/OL］. 半月谈网，2018 - 10.

[②]　何建洪，任志霞，赵超. 技术经济学：工程技术项目评价理论与方法［M］. 成都：西南财经大学出版社，2018.

"兴一业、亡一业"，并对社会产生始料未及的深远影响，颠覆式效应越来越明显①。比如说，电子商务对传统零售业的颠覆，进而影响到商业地产，但同样又推动物流业进步；刚刚兴起的人工智能对金融行业已经产生明显影响，大量业务员岗位被取代。同时，技术革命成为世界产业结构升级变化的重要影响因素，这与其自身的特性密不可分。首先，技术创造新的产业，新技术的诞生导致新产品的开发，随着新产品市场容量的扩大，往往围绕新产品而逐渐形成新产业。其次，高新技术渗透传统产业，改变传统产业的内部结构。例如机电一体化技术、信息技术、激光技术渗透机械工业，促使机械工业内部结构通过产业衍生、延伸、替代而发生变化。再次，由于科技含量高的产业最具备高额回报，在利益导向机制的作用下，投资将向研究开发倾斜，从而优化产业的投资结构，并引发产业结构的变化。最后，科技革命极大地提高了劳动生产率，使劳动力从第一、第二产业迅速向第三产业转移，从而促进产业结构调整。工业化进程中的历程表明，技术革命历来是产业结构升级换代的动力源。

**4. 趋势四：新科技革命对认知思维和生活方式产生颠覆性影响**

新科技革命可能给认知思维带来重大变革。大数据技术将给认识论带来重大变革。一是人类思维方式将从小样本研究的静态、封闭、传统的思维方式向全样本研究的动态的、开放的、现代的思维方式转变。二是从因果性思维定式向相关性思维转变，大数据时代更加关注事物、事件、现象间的相关关系。三是从精准化向效率化的变革。大数据时代，人们从效率化目标出发，以数据的全样本、多样性、迅速化为前提来追求数据之间的规律性认

---

① 魏晨，西桂权，张婧等.当代科技革命的内涵及对未来发展的预判［J］.中国科技论坛，2020（6）：37-43.

识，从混乱数据中谋求精确化认识①。

新科技革命可能给人类生产生活带来普遍变化。一是低碳技术的进步和广泛应用将缓解气候变化的不利影响。二是机器人和自动驾驶交通工具将得到广泛应用。三是增材制造将大规模应用，尤其是在高价值产品领域。四是可再生能源将替代传统矿物燃料能源。五是农业和资源技术的进步将为世界人口的基本生存需求带来保障②。

新科技革命可能给大城市生活带来的变化。一是快速的交通连接。新技术革命将助推区域性基础设施建设（硬件措施）和交通需求管理（软件措施），提高区域整体的交通便利性和效率性，降低环境负荷。二是积极老龄化的安心社会。大城市将树立起充满活力的老年人形象，随着新健康技术问世将成为一个人人都能安心生活的都市。三是绿色清洁的环境。生态和低碳技术的发展将有助于营建绿水环绕、共生共存的都市空间。四是多元化的生活方式。随着新技术革命带来生产方式的改变，人们的生活方式也日益多变。新技术促进就业市场上增加残障人士的就业机会，通过改善地区间的关系来改善社会分配不均。五是更具活力的都市商业。大城市依靠尖端技术驱动、推动高附加值产业和服务业，以建设具有强大基础设施条件的全球城市网络的金融商业中心③。

**5. 趋势五：高端人才配置全球化、柔性化更加明显**

（1）全球人才流动趋于虚拟化和柔性化并形成"人才环流"。

人才流动的方向正在发生趋势性改变，全球经济增长多元化发展驱动形

---

① 吴朝文，任思奇，邓淑华. 马克思主义技术哲学视野下的大数据观探析［J］. 求实，2017（7）.
② 付晓东，陈晓峰. 新旧动能转换与产业结构升级［M］. 北京：红旗出版社，2018.
③ 上海市人民政府研究中心. 上海2050战略环境（上）［M］. 上海：上海人民出版社，2016.

成"人才环流"。在全球知识生产、价值链升级和生产网络密集构建的过程中，全球科技人才跨国流动的活跃程度日益增强，传统意义上的人才"流失""流入"更多表现为人才"环流"，科技人才也总是会"用脚投票"，在创新要素丰富的地方集聚。今天出现的"人才环流"状态不是简单的单向流动。Czaika 等研究发现，过去 40 年间科学技术移民的目的地和来源地多样性增强，知识生产中心与流动目的地在持续东移①。

人才流动向虚拟化、柔性化发展。随着知识生产成为新的经济增长方式和经济形态，人才争夺日益白热化，高端人才流动速度加快，"不求所有，但求所用"的人才观得到了广泛认可②。人才在地理空间转向虚拟空间，工作的模式多变、可以进行全球化的运作、工作外包等，人才柔性流动正在加大。例如深圳企业华为有超过 10 万名员工在海外工作，他们中有相当部分是在海外聘请的高管、外籍人才和海归人才，同时还有深圳总部派出的大量人才。

（2）科技迅猛发展和颠覆性技术的涌现加速了人才流动。

正如耶鲁大学名誉教授迈伦·热内尔针对关于科学家全球流动所说，科学家是一个流动的专业阶层，哪里有支持，他们就会去哪里。科技人才的全球流动已经成为一个不可避免的趋势，科技人才在全球培养、在全球工作、被全球争夺，如同资本、技术、信息资源一样，催生了一个全球范围的人才市场，各国在全球化市场中既开展合作又相互竞争③。以人工智能（AI）行

---

① 福布斯中国 . 2018 全球人才流动和资产配置趋势报告［R］. 福布斯中国与外联出国顾问集团，2018.

② 马彩凤 . 区域人才流动的经济效应研究［M］. 北京：人民交通出版社，2019.

③ 郑巧英，王辉耀，李正风 . 全球科技人才流动形式、发展动态及对我国的启示［J］. 科技进步与对策，2014（13）.

业为例，截至 2017 年第一季度，全球人工智能行业人才超过 190 万，其中美国以约 85 万的总量高居榜首，中国人工智能专业技术人才总数超过 5 万人，排在全球第七位。中国从事人工智能的人才有 43.9% 来自美国，美国从事人工智能的人才有 43.7% 来自印度、18.8% 来自中国、11.3% 来自英国。人工智能高技术人才在国家间的流动与竞争可见一斑①。

**6. 趋势六：科技活动组织模式将发生重大变化（人性化、虚拟化、共生化、生态化）**

科研组织和科研活动越来越虚拟化。虚拟科学组织的大量涌现是"大科学"时代科研组织进化的必然结果。其一，从科研活动的内在要求来看，随着人类科研水平的不断提高，科学界的合作需求更为明显，广泛、深入的科研合作已成为当前科学知识生产活动的基本要求。其二，从科研资源的配置来看，科学研究发展到今天，任何组织和个人都无法占有包括昂贵的仪器设备和软件程序在内的全部科学资源，基于网络的资源共享将成为整合既有科研资源的有效途径。其三，从科学的社会功能的发挥来看，经济增长和社会发展的现实需求也是当代科研组织重构的一个重要推动力。基于国家战略目标的重大科研项目的实施必然要求跨地域、跨机构、不同层级科研人员的通力合作。虚拟科研组织是伴随着网络环境下知识生产方式的演进和学术价值观的转换而出现的一种新型组织，是知识经济时代实现科学界资源整合和协同创新的一种卓有成效的组织模式，这种新模式极大地激发了科学共同体的研究活力②。虚拟科研组织中的水平结构正逐步代替传统科研组织模式中

---

① 石磊，罗晖. 美国科技人才流动态势分析［J］. 全球科技经济瞭望，2018（5）：40 - 52.
② 丁大尉，胡志强. 网络环境下的当代虚拟科研组织：内涵、特征与问题［J］. 科学学研究，2017（9）：23 - 29.

的等级结构，从垂直整合组织到水平整合组织模式的转变，无疑促进了科学界的资源共享和合作创新。这种组织模式反应快速敏捷，可以达到组织内部知识、设备等资源的快速整合，实现科学知识生产中的"增值效应"和"群体效应"。

科技创新活动日益社会化、大众化、网络化。网络信息技术、大型科研设施开放共享、智能制造技术提供了功能强大的研发工具和前所未有的创新平台，使创新门槛迅速降低，协同创新不断深化，创新生活实验室、制造实验室、众筹、众包、众智等多样化新型创新平台和模式不断涌现，科研和创新活动向个性化、开放化、网络化、集群化方向发展，催生越来越多的新型科研机构和组织。以"创客运动"为代表的小微型创新正在全球范围掀起新一轮创新创业的热潮，以互联网技术为依托的"软件创业"方兴未艾，由新技术驱动、以极客和创客为重要参与群体的"新硬件时代"正在开启。这些趋势将带来人类科研和创新活动理念及组织模式的深刻变革，激发出前所未有的创新活力①。

创新模式将呈现四螺旋协同趋势。新科技革命万物互联的技术能够把所有社会行为主体联系起来，远远超出产学研合作等有限关系，创新范式也从三螺旋转变为四螺旋。创新三螺旋是工业时代典型的创新范式，是指大学、企业、政府三方在创新中密切合作、相互作用。创新的四螺旋范式则是在三螺旋之外，引入第四螺旋——民间社会。民间社会包括非常多的主体，既有公民个人，也有多种类型的经济机构和社会组织。因此，第四螺旋不是引入少数主体，而是引入一种社会全员参与的机制，使创新变成了无边界的活

① 白春礼. 创造未来的科技发展新趋势［J］. 杭州（周刊），2015（14）：24 – 27.

动，即开放式创新。根据欧盟《开放创新 2.0 年鉴 2014》，四螺旋创新范式有四个基本特点，即一体化合作、共同创造价值、建设创新生态系统、推出指数级增长技术及极速采纳。在四螺旋的范式下，各种研究是一体的，都可以直接转化为产品。例如，英国布莱克福德分析公司的阿兰·黑文斯教授，在计算银河系星球的年龄时，破解了巨大数据集压缩的难题。这项基础研究成果直接实现了商业化，用于提高核磁共振数据运算的速度。与此同时，工业时代位于创新之外的非研发要素，与研发要素相互融合，共同构成创新共同体。例如，创新众筹网站为创意、设计、研发和创业筹集资金，创新众包网站分布式完成应用程序开发，实现了研发、投资、制造、使用等创新要素的一体化。还有，创新扩大到所有行为主体，所有行为主体都可以依托交互平台形成生态群落，因利益而自动聚散。如我国的海尔公司就已经转型为这样的创新生态系统。公司打破原来的科层管理结构，使企业转变为一个大平台，接入大量创新、创业团队，还接入全球 50000 多名研发人员。另外，价值增值还来自"美第奇效应"，即交互带来的创新指数化增长。随着通信节点数量的增加，不同产业、不同领域的理念和创意相遇，能够激活大量创新痛点，创新速度和成功率大幅度提高，远远超出任何单一主体。

精益研发将成为一大潮流趋势。精益研发是指将精益生产中消除七大浪费、持续改进的理念引入到产品开发过程之中，实现对产品开发过程的精益管理，是以提高产品差异性和技术含量、提高产品开发品质、提升产品附加值、同质条件下降低产品构成成本为目标的产品研发活动。精益研发的使命是帮助企业获得卓越的市场竞争力[①]，关注的是改善、创新、质量、上市

---

① 全国企业管理现代化创新成果审定委员会. 国家级企业管理创新成果集 [M]. 北京：企业管理出版社，2002.

期、知识的管理。精益生产的原则、理念、方法等同样适合研发过程的管理。精益的视角是全系统的视角，将研发环节看作是生产过程的源头和市场销售过程的延续；精益研发管理的观念是将研发过程与生产过程整合为一个整体，而不是割裂来看待。研发过程作为生产过程的前过程，要时刻考虑所设计的产品如何实现生产，强调顾客声音与生产过程的和谐（以实现精益生产为目标），为此更加重视生产过程相关人员的参与。

## （三）发展基础分析

### 1. 创新环境

美国财经媒体 *Business Insider* 发布"全球 Top20 高科技城市排行榜（2018）"，用以衡量城市适合高科技人才发展的工作环境和生活水平，北京在全球排名第 16 位，落后于旧金山、纽约、伦敦等国际主要创新城市。主要排名如下：第一，美国加州旧金山（San Francisco, California）；第二，美国纽约州纽约（New York, New York）；第三，英国伦敦（London, England）；第四，美国加州洛杉矶（Los Angeles, California）；第五，中国台湾台北（Taipei, Taiwan）；第六，韩国首尔（Seoul, South Korea）；第七，美国马萨诸塞州波士顿（Boston, Massachusetts）；第八，新加坡（Singapore）；第九，加拿大多伦多（Toronto, Canada）；第十，美国伊利诺伊州芝加哥（Chicago, Illinois）；第十一，美国得克萨斯州达拉斯－沃斯堡（Dallas－Fort Worth, Texas）；第十二，日本东京（Tokyo, Japan）；第十三，瑞典斯德哥尔摩（Stockholm, Sweden）；第十四，加拿大温哥华（Vancouver, Canada）；第十五，荷兰阿姆斯特丹（Amsterdam, The Netherlands）；第十六，中国北京（Beijing, China）。

**2. 创新主体**

（1）高校。

清华大学和北京大学在世界权威大学排名中稳居前100，学术能力与世界顶尖高校仍有一定差距。世界公认的权威的大学世界排名共有四个，分别是：ARWU世界大学学术排名、USNEWS世界大学排名、QS世界大学排名、泰晤士高等教育世界大学排名。清华大学和北京大学在以上四大世界权威大学排名中都稳居前100。从2021年榜单看，在侧重于同行评议等主观评价的QS世界大学排名中清华大学和北京大学分别是第15名和第16名；在侧重于综合评价的泰晤士高等教育世界大学排名中清华大学和北京大学分别是第20名和第23名。然而，在侧重于学术能力评价的ARWU世界大学学术排名和侧重于全球研究声誉评价的U. S. News世界大学排名中，清华大学和北京大学的排名相对靠后，分别是第29名和第49名、第28名和第51名。由此可见，清华大学和北京大学在学术科研能力方面与世界顶尖高校仍有较大差距。

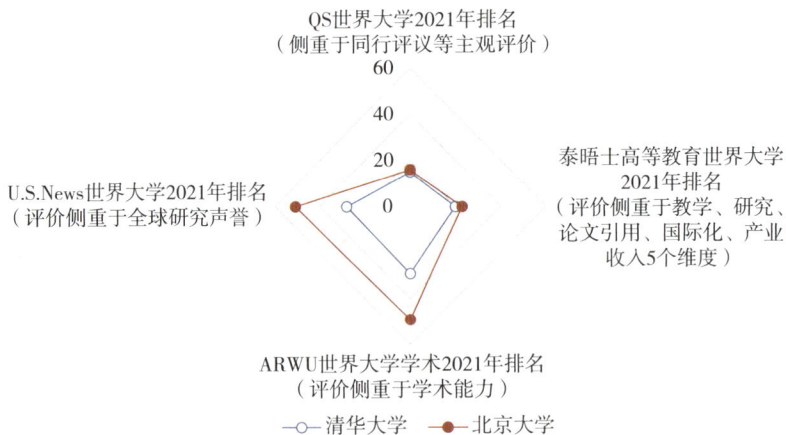

**图1-1　2021年清华大学、北京大学在世界权威大学排名中表现**

资料来源：ARWU世界大学学术排名、USNEWS世界大学排名、QS世界大学排名、泰晤士高等教育世界大学排名。

（2）政府研究机构。

2020年3月1日，汤森路透（Thomson Reuters）发布了"全球最具创新力政府研究机构25强"2020年榜单。该榜单基于科睿唯安（Clarivate Analytics，前身为汤森路透知识产权与科技事业部）的论文和专利数据，首先遴选2009~2019年被Web of Science核心合集收录论文最多且在世界知识产权组织（WIPO）申请的专利数不低于70项的政府科研机构作为候选机构，进一步考察候选机构在申请的WIPO专利家族数、成功授权的专利比例、专利被引用的次数、与工业界合作论文的比例、机构的论文总数等指标上的表现，汇总后得到机构的整体表现，最终筛选出前25位的机构。中国科学院继2019年后再度入选，是中国唯一入榜的政府研究机构，名列该榜单第11位，比2019年上升五位，排名上升幅度仅次于上升6位的日本国立材料科学研究所。

（3）企业。

2020年12月17日，欧盟委员会发布《2020年欧盟工业研发投资排名》，该榜单统计了2019年度全球R&D经费最多的2500家企业的数据。

全国共624家企业入榜，占全球入榜企业的25%，其中香港和台湾地区分别为24家和88家，大陆地区为512家。

北京入榜企业呈现以下特征：入榜企业数量"多"、R&D经费总量"大"、覆盖技术领域"广"、连续入榜企业"稳"、区域集中度"高"。第一，北京入榜数量占全国五分之一。2020年，北京以94家居全国各省市首位，占全国入榜企业总数的18.4%，广东和上海分别以90家和58家居第二和第三位。第二，北京入榜企业R&D经费总量居全国第二。2020年，北京入榜企业R&D经费合计341.4亿欧元，占全国29.7%，仅次于广东居全国第二位。第三，北京入榜企业覆盖 21 个领域，占全球 55.3%，高于广东、上海、深圳、江苏。第四，北京连续五年上榜企业 44 家，占 2020 年上榜企业数量的 46.8%。第五，海淀入榜企业数量占全市半数以上，R&D 经费占全市 60%。

（4）顶尖创新人才缺乏。

从历届诺贝尔奖获得者的国籍分布来看，获奖比例排名前十的国家依次为美国、英国、德国、法国、瑞典、日本、瑞士、荷兰、意大利、丹麦，分别为 35.8%、11.5%、9.5%、7.1%、3.5%、2.8%、2.1%、2%、1.8%、1.4%，而中国只有 0.25%。其中，物理学获奖者美国国籍是遥遥领先的，其次是英国、德国、法国、荷兰、日本。同样，美国人在化学奖、生理学奖或医学奖也将这种优势延续，英国、德国、法国紧随其后。从高声誉奖项得主所在地区来看，硅谷仅加州大学伯克利分校就有 91 位诺贝尔奖得主（含 13 位校友）、9 位沃尔夫奖得主、13 位菲尔茨奖得主、21 位图灵奖得主。到 2020 年，北京只出现了一位荣获诺贝尔科学奖的科学家——屠呦呦。

**3. 创新成效**

（1）PCT 专利。

近年来，北京高度重视知识产权事业，取得了一系列显著成绩。2001~2018 年，北京地区 PCT 申请量整体呈上升趋势，2010 年以后增速显著，2010~2018 年年均增长 24.5%，2018 年达 6500 件，是 2010 年的 5.8 倍。与国际主要创新中心相比，北京 PCT 申请量与东京和加州差距较大，二者分别约为北京的 4 倍和 1.5 倍，其他城市均低于北京。

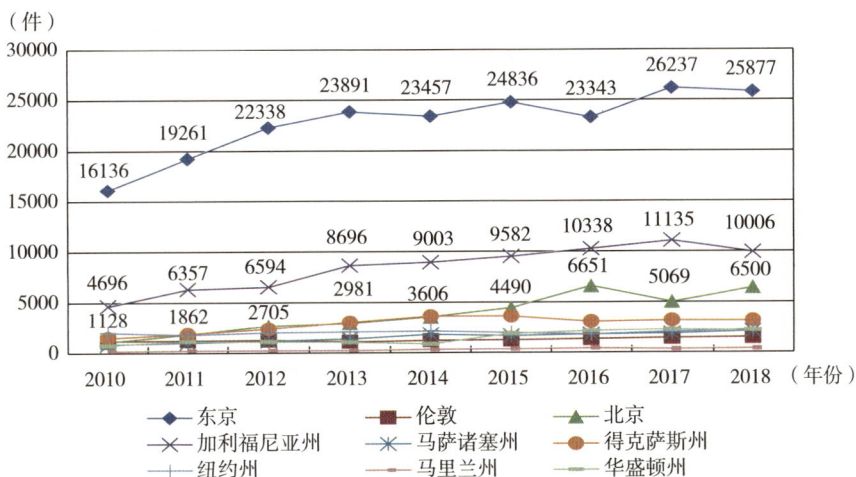

图 1 - 2　2010~2018 年世界主要创新中心城市 PCT 申请量

资料来源：wipo 官网。

（2）人均地区生产总值。

从 R&D 经费投入强度和人均地区生产总值两项指标看，北京 R&D 经费投入强度很高，但人均地区生产总值相对较低，2019 年仅为 2.4 万美元；伦敦、东京和纽约等国际城市 R&D 经费强度相对较低（分别为 1.3%、2.1% 和 1.5%），但人均地区生产总值均超过 6.0 万美元；马萨诸塞州、加利福尼亚州、马里兰州等大学、科研机构和高新技术园区高度集聚的州同时拥有较高的 R&D 经费强度（5.2% 以上）和人均地区生产总值（均超过 6.6 万美元）。

（3）重点产业。

北京科学研究和技术服务业规模持续扩大，占经济总量比重低于其他城市。2004 年以来，北京科学研究和技术服务业持续快速发展，2018 年实现增加值 3223.9 亿元，占地区生产总值比重达到 10.6%，较 2004 年提升 6 个

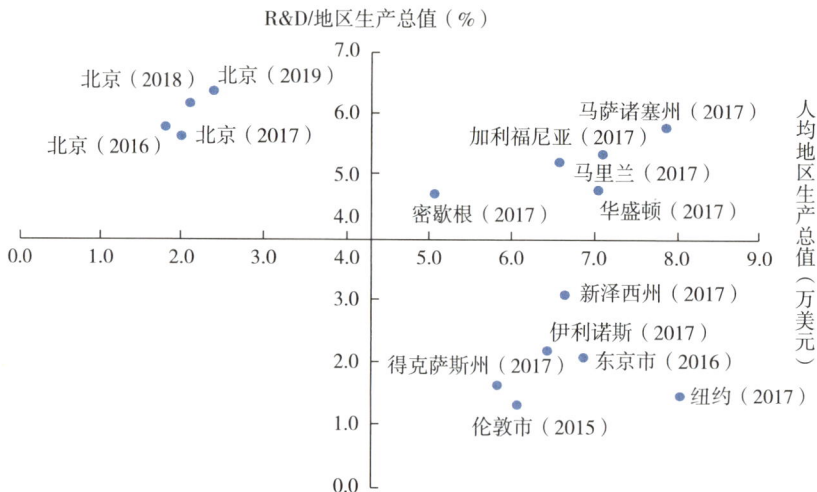

图 1-3　人均 GDP 与 R&D 强度分布图

资料来源：《北京统计年鉴》、美国科工指标。

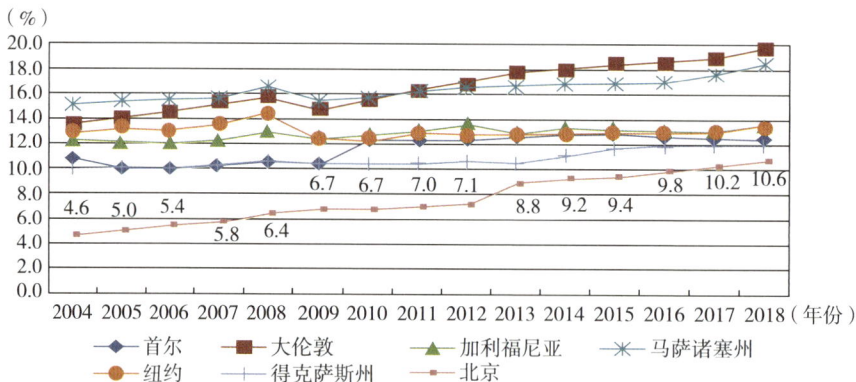

图 1-4　科学研究和技术服务业增加值占地区生产总值比重创新城市对比图

资料来源：《北京统计年鉴》、美国科工指标。

百分点。但与国外创新城市相比,北京经济总量中科学研究和技术服务业的比重还相对较低,2018 年伦敦、马萨诸塞州该比重达到 19.7% 和 18.3%,分别高出北京 9.1 个百分点和 7.7 个百分点。加利福尼亚、首尔、纽约、德克萨斯等城市科学研究和技术服务业比重也在 12% 以上,均高于北京同期水平。

## 二、战略思路、基本原则和战略目标

### (一)战略思路

坚持以习近平总书记关于科技创新的重要思想为指引,深刻把握百年未有之大变局和新一轮科技革命与产业变革大趋势,坚持"四个面向",坚持制度创新和科技创新双轮驱动,以推进科技创新治理体系和治理能力现代化为主轴,努力构建引领型科技创新制度、体制和机制,构建领先高效开放的首都创新体系,以"三城一区"为主平台、以中关村自主创新示范园区为主阵地,打造先发优势,着力提升原始创新能力,着力推动经济社会高质量发展,着力提升开放协同创新水平,为建设最有影响力全球创新高地、世界一流和谐宜居之都提供支撑,确保国家科技安全及科技强国和"两个一百年"目标的实现。

图 2-1　国际科技创新中心建设发展思路示意图

## （二）基本原则

国家使命和首都发展相结合。北京建设国际科技创新中心，从国家发展大局的高度出发，要把首都高质量发展与国家使命更加紧密地联系在一起，在国家创新发展中发挥引领示范作用，将首都发展融入国家发展大局中去思考、去谋划，服务国家重大发展战略，围绕国家急需、核心利益积极开拓创新，努力引领国家创新发展的方向和进程，为提高国家科技安全和科技竞争力做出贡献。

制度创新和科技创新相结合。科技创新中心形成的重要基础是领先的制度创新。领先的制度创新是具有全球影响力的科技创新中心形成的重要前提。科技创新是经济增长的原动力，科技创新和制度创新的双轮驱动构成第一动力。北京建设国际科技创新中心，必须坚持科技创新和制度创新的"双擎驱动"，要深刻把握和运用国际规则，形成与国际通行规则相衔接的自主创新制度体系，使科技创新较快地驶进快车道。

趋势导向和需求导向相结合。北京建设国际科技创新中心，既要坚持需求导向，又要面向世界科技前沿、面向经济主战场、面向国家重大需求、面向人民生命健康，在深刻把握全球科技发展大趋势的前提下，积极开展从 0 到 1 的原始创新和解决关键领域卡脖子问题进行创新布局，形成推进科技创新发展的强大合力。

市场机制和举国体制相结合。社会主义市场经济条件下的新型举国体制，是我国科技发展的独特优势，也是组织实施重大科技创新活动的有力保障。北京建设国际科技创新中心，要坚持市场机制和举国体制相结合，需要"更好"而不是"更多"发挥政府作用，进一步发挥市场机制作用，充分发挥集中力量办大事优势，加快建立行之有效的攻坚体制和激励机制，围绕国家实验室等进行系统布局，打造国家战略科技力量，集中精锐力量实施核心技术产品"攻尖"工程和自主创新产品"迭代"应用计划，着力实现核心技术的全面突破，保障科技安全和产业安全。

## （三）战略目标

未来国际科技创新中心核心功能——集聚功能、原创功能、驱动功能、辐射功能和主导功能得到全方位释放，科技创新高质量发展第一动力作用进一步强化，在全球创新网络中的地位、科技创新实力和全球影响力显著提升，成为全球科技创新的中枢。

到 2035 年，北京国际科技创新中心创新力、竞争力、辐射力全球领先，成为全球创新网络的中坚力量和引领世界创新的新引擎，京津冀世界级城市群的构架基本形成，初步建成国际一流的和谐宜居之都，科技创新治理体系和治理能力现代化基本实现，为我国跻身创新型国家前列提供有力支撑。

到 2050 年，成为最有吸引力、最有创造力、最有辐射力、最有影响力的全球领先的创新高地，全面实现科技创新治理体系和治理能力现代化，全面建成更高水平的国际一流和谐宜居之都，有力支撑我国成为世界科技强国。

## 三、战略任务

面向 2035 年和 2050 年的战略路径需要紧紧围绕新科技革命趋势、国家战略意图和北京高质量发展需求，在关键领域、"卡脖子"地方下大功夫，抢占事关长远和全局的科技战略制高点，坚持有所为有所不为，在人工智能、量子信息、脑科学等领域加强对关系根本和全局的重大科学问题的前瞻，部署一批重大科技项目和工程。要发挥社会主义市场经济条件下的新型举国体制优势，集中力量，协同攻关，持久发力，加快突破重大核心技术，开发重大战略性产品，率先实现跨越。实施诺贝尔奖培育工程，颠覆性技术引擎工程、协同与开放创新引领工程，世界一流创新生态塑造工程。整合创新资源，形成诺奖级成果；整合创新资源，解决"卡脖子"技术问题；加强对外开放协作；营造创新生态环境。

### （一）加强原创功能，实施诺贝尔奖培育工程

2001 年 3 月，日本出台了第二个科学技术基本计划。该计划雄心勃勃地表示，要在 50 年内拿 30 个诺贝尔奖。21 世纪以来已有 18 位日本人获诺奖，"50 年 30 个诺贝尔奖"的计划，已实现大半。日本在启蒙教育、基础

研究以及注重研究环境和经费支持方面，都或许是成为亚洲获得诺贝尔奖最多国家的几个重要原因。因此，要充分借鉴日本经验，发挥北京智力优势，实施诺贝尔奖培育工程，加大对基础研究的持续投入，培养造就一批世界知名学者，鼓励非共识研究，积极营造良好的学术生态，还要做好如下工作：

一是塑造有感召力和科学精神的愿景，打造国际人才高地。历史反复证明，只有立意高远，以服务全人类为己任，才能汇聚全球科学精英合力攻克科学难题。因此，应发挥利用好科学家自治优势，着手聚焦人类所面临的共同科学难题，树立人类科学之崇高愿景，在全社会营造开放包容、多元融合的人文环境，以科学精神吸引聚集一批有志于为科学所献身、为人类所服务的科学巨匠①。在此基础上，把握好人才回流和柔性化使用等趋势，面向全球物色引进一批诺贝尔奖得主、院士等顶尖人才，大力引进培养一批具有全球视野、国际水平的战略性科技创新领军人才、国际创新型企业家等。支持高校、科研院所邀请前沿科学研究顶尖专家学者来京讲学或进行短期项目合作，集聚一批前沿理论研究人才。

二是大胆运用创新科技，打造世界级开放研发平台。未来的科学研究活动将呈现智能化、虚拟化发展态势，科学研究范式也将逐渐从当前的大数据范式转化到虚拟研究范式（即第五范式），因此应着手建立科学大数据中心、机器人实验室、虚拟研究社区等，多维度尝试革新传统研究方法。积极推进国家重大科技基础设施、交叉研究平台和新型研发机构等高端研发平台建设的同时，积极推进国家实验室的建设和培育，全力做好各项服务保障工作，赋予国家实验室更多权利，打破团队"圈层化"，在光电子、区块链等

---

① 翟亚宁. 科技革命中政府的作用及启示［J］. 中国科技产业，2019（11）：75－80.

前沿领域继续布局建设一批新型研发机构。

三是大力支持自由探索的基础研究，打造优势交叉学科。要以全球眼光，跳出科技看创新，开始关注源头创新，追求重大原创性研究成果。充分借鉴历次科技革命经验，系统规划融合学科资源，围绕优势学科和特色学科，凝练研究方向，开辟新的符合社会需求的交叉学科研究领域。在科学发展战略布局中，强调交叉科学与非交叉科学并重；在科学政策上，引导和鼓励从事交叉科学研究；在组织管理上，重视交叉科学的发展，甚至在具体科研项目、课题中，优先支持学科交叉与交叉科学；营造有利于学科交叉和交叉科学发展的环境，在科学共同体中形成一种鼓励交叉的学术氛围[1]。组建跨学科、综合交叉的科研团队，建设世界级交叉学科研究中心。同时，持续做好北京国际学术交流季、中关村论坛等品牌交流活动，推动学术交流碰撞中激发新的思想；积极利用数字技术革新研究方法和科学交往方式，促进学术交流，建设多元融合、虚实结合的基础研究生态体系。

四是建立有利于原始创新的评价制度。深入推进代表作评价制度，对人和创新团队的评价，注重评价代表作的科学水平和学术贡献，让论文回归学术，避免唯论文、唯职称、唯学历、唯奖项倾向。建立促进原创的基础研究项目评价制度。基础研究项目重点评价新发现、新原理、新方法、新规律的原创性和科学价值，注重评价代表性成果水平；应用基础研究项目重点评价解决经济社会发展和公共安全重大需求中关键科学问题的效能和应用价值。

## （二）加强驱动功能，实施颠覆性技术引擎工程

纵观历次科技革命，蒸汽时代诞生了纺织工业，电力时代诞生了汽车和

---

① 余明，梁正伟. 对建设工程保险交叉学科特性的分析［J］. 中华建设，2009（9）：62－63.

航空工业，原子能和计算机时代诞生了微电子工业，互联网革命诞生了网络通信业，每次科技革命都会孕育出新兴产业并在之后主导经济发展格局。从演化经济学的角度看，新一轮科技革命必然会带来技术—经济范式的革命性变化，经济发展所依赖的技术和产业体系及其运作机制必将发生根本性改变①。

如何抓住新科技革命的机遇，积极应对新科技革命的挑战，这是时代的需要、历史的责任。人类需求的新变化驱动新科技革命，新科技革命的基础是思维范式的转换。出于人类需求向"幸福、永生、超能"等方向转化以及新科技革命以大数据思维为基础等原因，健康产业、人工智能等产业将获得空前发展。

构建"创新源头供给—新兴产业培育"工作链条，实施颠覆性技术引擎工程，抢占发展制高点，要牢牢把握这一窗口期，进一步推动以人工智能、物联网、云计算、大数据等为代表的智能技术同传统产业进一步融合，催生新的产业和服务。重点做好以下工作：

一是面向重大发展需求，超前布局一批颠覆性技术。以解决发展面临突出问题、实现长远可持续发展为突破口，引领产业和经济社会发展的方向。在人工智能、量子信息、先进制造、能源等领域进行超前布局，发挥举国体制优势，选择科学价值高、有一定研究实力的研究方向作为发展重点，配置人才、经费、大科学装置等资源，支持重大研究成果的产生，推动相关领域跨越式发展。

二是面向新一轮科技革命，突破应用一批颠覆性技术。产业领域都是世

---

① 高源. 积极迎接新一轮科技革命浪潮［N］. 中国旅游报，2018－01－23（003）.

界主要国家发展新兴科技和新兴产业的主攻方向，其中一些重要领域一旦实现重大技术突破，完全可能推动新一轮产业革命。紧密跟踪监测在信息技术、生物技术、能源技术、材料技术、空间技术和深海技术等及其有可能带来变革性的技术领域，广泛推广应用其新成果至各个产业，在新一轮科技革命和产业革命中赢得主动。

三是加强非对称战略，形成产业创新优势。从实际出发，做到有所为、有所不为。聚焦战略长板，支持可能引领产业变革的颠覆性技术，推动人工智能、量子信息等优势领域率先占据制高点；聚焦关键核心技术攻关，推动集成电路产研一体、关键新材料、关键零部件和高端仪器设备等方向突破瓶颈，加快实现"换道超车"，建设国家级产业技术创新中心和企业技术研究院，依托原始创新成果，营造支撑企业迅速成长的环境，孵化培育"原生型"高精尖企业。

四是加强应用场景建设，推进数字经济发展。积极发挥应用创新场景示范带动作用，推进应用场景"十百千工程"建设，加快智慧城市、数字社区、智慧医疗、智能交通、数字工厂、综合智慧能源等应用场景落地。围绕"两区"建设，加快智慧海关、智慧物流等建设。打造全球数字技术供给源，推进数字产业化和产业数字化转型，打造全球数字经济标杆城市。

五是遵循颠覆性技术创新规律，宽容失败。针对颠覆性技术创新风险大、周期长的特点，前期政府给予引导性支持，后续逐步吸引社会资本和产业界投入，加快成果转化和产业化，最终创新成果要靠市场来选择、认可和检验。遵循颠覆性技术创新的特点和规律，在发现、遴选、支持等各环节大胆改革，探索支持颠覆性技术创新的有效机制。赋予技术创新团队充分的研发自主权，建立健全容错纠错机制和科学合理的监管服务机制。

## （三）强化辐射主导功能，实施协同与开放创新引领工程

历次科技革命发展表明，采用各种方式聚集世界上先进的科学技术成果和人才，并在此基础上消化吸收再创新，是各国政府的通行做法。第三次技术革命以来，全球分工协作、整体推进的"大科学特征"更加明显，同时当前面临的全球变暖、环境污染等人类共性问题，越发需要全球协同与开放创新合作应对。另外，未来京津冀城市群是国家参与全球竞争和劳动地域分工的全新地域单元，将影响着 21 世纪全球地域经济的新格局，应担当起世界经济重心转移和"一带一路"建设的全球历史重任。北京需要重点做好以下工作：

一是加快推进京津冀城市创新群建设。创新空间的有序布局，是提高整体创新效能的关键因素。京津冀协同发展作为国家战略，应充分发挥北京核心作用，推动雄安新区与城市副中心两翼联动，建立创新共同体。更加注重区域优化布局和产业链上下游协同，推动高端制造业与现代服务业深度融合，向津冀地区延伸创新链、产业链。发挥市场作用，建立健全创新资源要素互联互通机制、三地联合公共服务供给机制、利益共享机制等，推动央地协同、学科交叉、军民融合，政府、企业与高校院所深度合作，将京津冀打造成为以创新内生动力为主的世界知名城市群。

二是发挥好示范辐射带动作用。以"两区"建设为引领，发挥北京在全面创新改革和政策先行先试中的"领头雁"作用，形成更多可复制推广的政策措施，辐射带动全国的自创区和高新区发展。强化北京技术交易核心区的地位，办好全国科技活动周暨北京科技周、科博会等活动，展示科技创新中心新技术、新产品、新成果，发挥科技条件平台、技术市场等渠道作

用，通过资源共享和技术输出辐射带动全国创新发展。强化知识溢出的正外部性，建立利益回流和价值回馈机制。

三是主动发起大科学计划。瞄准世界科技前沿，积极提出并牵头组织国际大科学计划和工程，不断增强北京在全球科技竞争中的影响力和话语权。推动人才、资本、信息、技术等创新要素自由流动和优化配置。支持跨国公司在京设立研发中心，围绕项目铺设链接全球的研究网络，加快融入全球科技创新网络。

四是加快链接全球创新网络。以更加开放的姿态加强与国外高校、科研机构和企业交流合作。深化"一带一路"科技合作，加强与欧盟、东南亚等国家和地区合作，深化科技人才交流、科研项目合作、科技设施联通、创新要素融通、资源共享、创新平台共建。实施"一带一路"科技创新北京行动计划，鼓励企业深度参与国际标准制定。开展关键技术专利预警，引导形成核心专利，加强专利全球布局和全球并购。积极推进自贸区科技创新片区建设。

## （四）加强集聚功能，实施世界一流创新生态塑造工程

增强自主创新能力，最紧迫的是要破除体制机制障碍，最大限度解放和激发科技作为第一生产力所蕴藏的巨大潜能。总结世界经济发展的历史经验，我们会发现，如果说一次次科技革命造就的是新技术、新产业、新产品、新业态，带来的是一次次生产力的提升，创造了难以想象的供给能力，那么一次次体制机制变革所释放的是发展的活力和创造力，所激发的是科技

作为第一生产力所蕴藏的巨大潜能①。北京在这方面要重点做好以下工作：

一是创新科技计划管理模式。在科技计划经费管理、项目管理方面不断创新，探索外籍专家领衔或参与承担国家和本市重大科技计划（项目）机制，探索首席科学家更大科技经费支配权限机制，支持社会力量参与科技计划项目管理，探索北京市计划项目向外资开放。

二是人才管理制度创新。持续推动中关村人才管理改革试验区建设，尊重科学家的匠心和理想，从人才引进、经费支持、考核激励和培育培养方面，为科学家松绑，鼓励科学家包干，提升人才社区、生活、休闲服务品质，深入推进国际化人才社区建设。探索采用法定机构或聘任制等形式，大力引进高层次、国际化人才参与科技创新中心的建设和管理。改革科技人才评价制度，破除"五唯"痼疾。以服务与激励支持基础研究发展、创新，包括保证充足、多元、"耐心"的经费支持，尊重科学自治、鼓励竞争、长期导向、实施"柔性"评估。

三是促进科技投入体系创新。优化政府资金投入引导方式，支持科技金融创新发展。创新无形资产质押融资产品。加快科技金融基础设施建设。发挥科创母基金作用，培育更多的"耐心资本"。同时，搭建好"政府引导投入＋企业捐赠＋社会捐赠"的全社会共同投入模式，多举措扩大科研资金源头，为原始创新提供不竭的动力。建立政府引导资金让利于社会资本的机制，进一步推动新三板改革，加强知识产权保护和应用，规范探索开展知识产权证券化，促进知识产权市场化运营。鼓励企业加大研发投入，组建创新联合体，推进创投企业、技术转让等所得税政策试点。

---

① 马奇柯. 协同推进科技创新和体制机制创新［N］. 重庆日报，2018－03－29（007）.

四是打造国际科学共同体。针对一些重大的颠覆性技术创新发生在交叉学科领域的特征，迎接新科技革命浪潮，支持全球范围内跨界建会或成立学会联合体，推动开放型、枢纽型、平台型国际科学共同体建设。构建政府、市场、社会和科学共同体协同治理新模式。